KB042151

마음 정원

마음 정원

초판 1쇄 인쇄일 2018년 5월 4일
초판 1쇄 발행일 2018년 5월 14일

지은이 김민소
펴낸이 양옥매
디자인 임홍순
교 정 조준경 허우주

펴낸곳 도서출판 책과나무
출판등록 제2012-000376
주소 서울특별시 마포구 방울내로 79 이노빌딩 302호
대표전화 02.372.1537 **팩스** 02.372.1538
이메일 booknamu2007@naver.com
홈페이지 www.booknamu.com
ISBN 979-11-5776-556-0 (03190)

이 도서의 국립중앙도서관 출판시도서목록(CIP)은 서지정보유통지원 시스템
홈페이지(http://seoji.nl.go.kr)와 국가자료공동목록시스템
(http://www.nl.go.kr/kolisnet)에서 이용하실 수 있습니다.
(CIP제어번호 : CIP2018013831)

*저작권법에 의해 보호를 받는 저작물이므로 저자와 출판사의 동의 없이 내용의 일부를 인용하거나
 발췌하는 것을 금합니다.
*파손된 책은 구입처에서 교환해 드립니다.

마음정원

생각과 말과 손길이
피어나는 자리

김민소 지음

책과나무

북풍이 몰아치는 2월 초 어느 날 오후. '마음은 봄'이란 카페의 간판이 눈길을 사로잡았습니다. 그곳에 들어가면 왠지 봄을 미리 받을 것 같은 설렘이랄까요. 도서관으로 가는 발길을 돌려 카페로 들어가니 올망졸망한 다육과 벤자민, 해피트리, 바키라 나무가 마치 작은 정원으로 들어온 듯한 착각을 하게 만듭니다. 실내엔 제목을 알 수 없는 재즈클래식이 흐르고 긴 머리를 질끈 묶은 주인여자의 미소가 신록처럼 푸르게 스며듭니다.

에스프레소 한 잔을 시켜 놓고 씁쓰레한 맛을 그녀의 미소를 넣어 마시니 얼어붙은 마음 밭에 물소리가 들립니다. 창밖에 보이는 회색빛 정경이 빈센트 반 고흐가 사랑했던 아를의 거리처럼 느껴지는 순간, 폐휴지가 담긴 리어카를 힘들게 끌고 가는 할머니가 눈에 들어오면서 마음속 정원에 회오리바람이 몰아칩니다. 그때, 남색 슈트를 말끔히 차려입고 한 손에 꽃을 든 청년이 달려와 할머니의 리어카를 밀어 줍니다. 청년의 아름다운 마음에 하늘도 감동했는지 눈발이 내리기 시작합니다.

나목의 앙상한 가지에 앉은 눈발들이 이팝나무 꽃으로 바뀔 때 그리운 얼굴들이 하나둘 튀어나옵니다. 고통을 사랑으로 버무렸던 어머니, 오늘도 비릿한 땀방울을 흘리고 있을 아들딸과 이 땅의 청년들, 위기를 기회로 만들고 있는 열정적인 사람들과 나눔으로 세상에 밑거름이 되어 주는 이들의 모습이 겨울이 빚어낸 풍경 속에 스며들고 있습니다. 그러나 창밖엔 이상이 있지만 문밖엔 현실이 있습니다. 창 안에서 보았던 프로방스풍 정경들이 출입문을 열고 나가는 순간 냉혹한 현실로 바뀌어 버립니다.

그렇게 현실은 육신을 휘청거리게 만들고 영혼이 아파 올 때가 종종 있습니다. 일이 꼬이고 빛이 보이지 않아 참담할 때가 있습니다. 좀 더 좋은 환경과 많은 재능을 갖고 있지 못한 것이 원망스러울 때도 있습니다. 모두가 나에게 등을 돌리고 절벽 위에 혼자 서 있는 나목처럼 발가벗겨진 느낌이 들 때도 있습니다. 그들에게 마음에 내리는 봄처럼 따뜻한 글을 쓰고 싶었습니다. 손에 잡으면 싱그러움이 마음에 스며드는 책을 만들고 싶었습니다.

긍정이란 씨를 뿌리고 희망의 싹을 틔우며 열정이란 꽃을 피우게 되면 평생 공짜로 사용할 수 있는 마음의 정원! 이 책을 통해 이 땅의 상처받은 이들이 미움에서 용서로, 아픔에서 성숙으로 깨어날 수 있으면 좋겠습니다. 그리하여 살아 있다는 것만으로도 장엄한 서사시가 만들어질 때면 파랑새가 찾아와 귓불에 대고 이렇게 속살거리지 않을까요. "너에게 풀 향기가 나는 거 알아?"

2018년 5월

김민소

차례

2부
희망의 싹 틔우기

4부
온정의 열매 나누기

1부

긍정의 씨 뿌리기

마음의 문을
연다는 것은

누군가 당신을 비난하는 사람이 있다면 그도 많이 아픈 사람이라 생각하십시오. 누군가 당신에게 잘난 척하면 그가 많이 배우지 못했기 때문이라 생각하십시오. 누군가 당신에게 있는 척하면 그가 배가 많이 고팠던 적이 있었다고 생각하십시오.

"똑 똑 똑!"
"누구니?"
"수지예요."
"너구나. 넌 두드릴 필요가 없단다."

TV 프로그램 〈불타는 청춘〉에서 개그맨 김국진이 연인 강수지에게 자신의 마음의 문은 언제든 열려 있으니 노크를 안 해도 된다는 의미로 알았는데, 이 시(詩)는 강수지가 치매에 걸린 어머니가 자신을 못 알아본다는 안타까운 이야기를 듣고 그녀의 어머니가 수지만은 알아봤으면 하는 마음에서 쓴 것이라고 합니다.

독일의 철학자 헤겔은 "마음의 문을 여는 손잡이는 안쪽에만 있다."는 말로 자신 외에는 아무도 열 수 없다고 말합니다. 그러나 자신만이 열 수 있다 해도 마음의 문에는 유효기간이 있습니다. 오랫동안 비워 두었던 집의 문을 열면 녹이 슬어 잘 열리지 않습니다. 억지로 열다가 낡은 벽까지 허물어질 수도 있습니다. 마음의 문도 그와 같아서 시간이 지나면 열고 싶어도 열 수 없는 무기력한 상황이 생길 수 있습니다.

햇빛을 보지 못한 식물은 죽게 되고 오랫동안 닫아 두었던 빈집은 곰팡이와 바퀴벌레로 퀴퀴합니다. 골방에 처박힌 마음은 몸의 면역세포까지 약화시키면서 종양이나 박테리아에 노출됩니다. 관계의 단절은 마음에서 몸으로, 다시 아픈 몸이 마음을 휘청거리게 하는 악순환의 고리로 이어집니다. 처음 혼자 지낼 때는 아무런 간섭도 비교도 비난도 받지 않아 편할지 모르겠지만, 시간이 지나면서 희망과 용기와 생명의 단절로 이어질 수 있습니다. 햇빛을 보지 못한 식물이 시름시름 죽어 가고 고인 물이 썩어 가는 것처럼….

파주요양원에 계신 내 어머니, 자신의 딸 이름이 생각이 안 나는지 "나 누구야? 엄마!"라고 물으면 "셋째 딸!" 그리고 다시 "내 이름은?"하고 물으면 "몰라!"라고 대답합니다. 그래도 아직까지는 셋째 딸인 것을 기억하고 있지만 언젠가는 그 기억의 문마저 닫힐 것 같아 안타까울 뿐입니다.

엄마는 마음의 문을 열고 싶어도 손잡이를 돌리지 못하고 있습니다. 웃음도 없어지고 생각도 없어지고, 감정도 없어지는 엄마는 어쩌면 당신의 기억을 레테의 강(망각의 강)으로 조금씩 흘려보내고 있지 않나 생각합니다. 언젠가 겪을 자식들의 아픔을 줄이려는 어머니가 주시는 마지막 선물처럼 말입니다.

마음의 문을 오래 닫아 놓게 되면 그렇게 인지기능과 기억의 상실로 이어질 수 있습니다. 상처와 비난과 열등감으로부터 도피하고 싶었다면, 그래서 그 상처와 비난을 끌어안고 있었다면 이제 숨통을 트이게 해야 합니다. 상처도 열등감도 가슴속에서 숨이 막혔을 테니까요. 마음 안 퀴퀴하고 습한 곳에 바람을 통하게 하여 뽀송뽀송하게 해 주셔야 합니다. 우물쭈물 대지 말고 시원하게 박차고 나오셔야 합니다. "운명아 비켜라, 내가 간다!"라고 외치세요.

타인을 부러워하지 말고, 비교하지 말고, 눈치 보지 말고 살면 마음의 문을 활짝 열 수 있습니다. 누군가 당신을 비난하는 사람이 있다면 그도 많이 아픈 사람이라 생각하십시오. 누군가 당신에게 잘난 척하면 그가 많이 배우지 못했기 때문이라 생각하십시오. 누군가 당신에게 있는 척하면 그가 배가 많이 고팠던 적이 있었다고 생각하십시오. 그렇게 가엾게 생각하면 부러움도 미움도 줄일 수 있습니다. 그리고 당신은 온전히 자신으로 살면 됩니다.

결핍이 행복이
될 수 있을까

갈대처럼 흔들리는 삶을 통제하지 못하고 시간을 잃었지만 지금이 선물임을 알았다면 이 또한 행복입니다. 존재하는 것, 갈참나무처럼 든든한 벗, 멋지게 변하는 나! 아, 이 모두가 행복입니다.

'구부러지면 온전해지고 움푹 패면 채워지고, 낡으면 새로워진다. 또한 적으면 얻게 되고 많으면 어지럽게 된다.' 노자 『도덕경』 22장에 나오는 이야기입니다. 일이 꼬이고 앞이 보이지 않을 때 이런 글귀로 마음을 다스리지만, 정말 답답하고 힘들 때 이런 글귀가 마음에 체화되기란 과연 쉬울까요? 인간의 본성은 상황이 좋을 때보다 위기에 처할 때 나타납니다.

햇살 맑은 날에는 보이는 모든 것들이 산뜻하고 청아해 보이지만, 흐린 날에는 풀잎과 아름드리나무 오솔길과 담쟁이덩굴이 빼꼭한 벽이 축축하고 지저분하게만 보입니다. 우리 마음 또한 일이 잘 풀릴 때면 타인의 실수에도 넉넉해지고 누군가 걱정을 털어놓을 때도 잘 들어 줍니다. 그러나 마음이 불안하거나 답답할 때면 타인의 작은 실수에도 쉽게 화를 내고, 걱정을 말할 때면 제대로 경청하지 않고 딴소리만 늘어놓게 됩니다. 이렇게 마음이 힘들 때면 아름다운 풍경, 아름다운 글귀, 아름다운 노래가 이방인처럼 느껴지고 아름답다는 말조차 불편하고 사치스럽게 느껴지기도 합니다.

그리스의 세계적인 작가 니코스 카잔차키스의 『그리스인 조르바』에 보면 이런 구절이 나옵니다.
"그렇다. 내가 뜻밖의 해방감을 맛본 것은 정확하게 모든 것이 끝난 순간이었다. 엄청나게 복잡한 필연의 미궁에 들어 있다가 자유가 구석에 놀고 있는 것을 발견한 것이다. 나는 자유의 여신과 함께 놀았다."

모든 것이 끝났다고 할 때 맛본 자유로움! 세상이 구질구질하고 역겹고 징글맞다 해도 그것을 피할 방법은 없습니다. 살아야 하고 살아낼 방법을 찾아야 합니다. 더 이상 잃을 것이 없다 할 때 바닥은 치고 올라갈 발판이 되어 줍니다. 흔히 '성공은 실패의 어머니다.'라고 합니다. 그렇다고 성공을 위해 굳이 실패할 필요는 없겠지요. 그러나 실패에 맞닥뜨렸을 때는 그 실패를 발판으로 삼아야 합니다. 발판을 딛고 뛸 때 일어나는 탄력성! 그것이 바로 회복탄력성입니다.

아름답고 값비싼 유리 공을 바닥에 던지면 산산조각이 납니다. 돌로 만든 공을 내려치면 바닥을 뚫고 처박혀 버립니다. 그러나 값싼 고무공은 바닥을 내려칠 때마다 힘을 받고 더 높이 튀어 오릅니다. 아픈 이에게 결핍을 즐기라는 말은 공허한 울림이 될 수도 있습니다. 그러나 그것을 의심하게 되면 다른 방법은 없습니다. 다른 어떤 방법이 없을 때, 결핍을 즐기다 보면 의외로 얻는 것들이 많다는 것입니다.

갈 곳 없어 헤매다 만난 노숙자를 통해 그들의 삶을 들을 수 있고, 다리를 다쳐 깁스를 하다 보니 장애를 가진 사람들의 마음을 이해하게 되고, 사업에 망하고 보니 그동안 갑질을 했던 일들이 부끄러워지고, 배가 고파 보니 펑펑 썼던 돈의 중요성을 느끼게 되고, 어머니가 돌아가시고 나니 불효했던 일이 처절하게 가슴을 후려친다는 것입니다. 결핍이 아니었으면 느낄 수 없는 깨달음이지요. 신은 인간에게 견딜 수 있을 만큼의 고통만 준다고 합니다.

나를 싫다고 떠난 사람과 돈, 그리고 지위, 그냥 보내십시오. 그것을 붙잡기 위한 처절한 싸움 그리고 얽매였을 때의 고통보다 어쩌면 다 내려놓다 보면 또 다른 행복이 있습니다. 『그리스인 조르바』의 모든 것이 끝났다고 생각했을 때의 해방감과 자유로움처럼….

잘나지 못한 외모 때문에 빛을 발하지는 못했지만 누군가의 배경이 되었다면 이 또한 행복입니다. 가난한 부모에게 태어나 소소한 일상과 육신의 건강함에 감사하는 법을 배웠다면 이 또한 행복입니다. 사랑보다 깊은 상처를 남기고 떠나 버린 사람이 있다 해도 열정을 불태운 추억이 있다면 이 또한 행복입니다. 갈대처럼 흔들리는 삶을 통제하지 못하고 시간을 잃었지만 지금이 선물임을 알았다면 이 또한 행복입니다. 존재하는 것, 갈참나무처럼 든든한 벗, 멋지게 변하는 나! 아, 이 모두가 행복입니다.

·

흐른다는
것
。

'냇물아 흘러흘러 어디로 가니? 강물 따라 가고 싶어 강으로 간다. 강물아 흘러흘러 어디로 가니? 넓은 세상 보고 싶어 바다로 간다.'

흐른다는 것은 멈추지 않고 더 넓은 곳으로 가겠다는 의지도 있지만, 더 넓은 시선(視線)을 갖고 싶고 더 가치 있는 삶을 살겠다는 열망이기도 합니다. 유년 시절 즐겨 불렀던 동요를 지천명의 끝자락에 다시 읊으니 무상한 마음도 들고 부끄러운 마음도 듭니다. 냇물이 넓은 세상을 보기 위해 흐르는 동안 나는 무엇을 위해 흘렀던가 생각하니 제대로 비우지도 채우지도 못했던 삶이었습니다. 채우려고 하면 비워야지 생각하고 비우려고 하면 채움의 갈증을 풀지 못한 채 흘려보낸 시간들, 배부름을 달콤하게 만드는 것은 배고픔이라고 말한 어느 철학자의 말이 혈관 속에서 흐르고 있습니다.

고대 그리스 철학자인 헤라클레이토스(Heraclitus of Ephesus)는 "모든 것은 흐른다. 우리는 같은 강물에 두 번 들어갈 수 없다. 물이 흐르고 있기 때문에 두 번째로 들어갔을 때에는 이미 아까와 같은 바로 그 물이 아니기 때문이다. 이미 두 번째에선 강물도 나도 변했기 때문이다."고 말했습니다. 그는 또 "오르막길과 내리막길은 동일하다. 선과 악은 하나다. 삶과 죽음, 깨어남과 잠듦, 젊음과 늙음은 같은 것이다. 건강을 달콤하게 만드는 것은 병이며 배부름을 달콤하게 만드는 것은 배고픔이다."는 말로 만물은 생성과 소멸, 대립과 투쟁 안에서 서로 긴밀한 연관을 갖고 흐르고 있음을 일깨워 줍니다.

어제보다 살짝 나온 뱃살을 보고 청량산 주변을 달립니다. 주변의 모습이 모두 신선하게 다가옵니다. 내 눈이 달라진 것인지, 주변을 단장한 것인지, 봄이 무르익는 것인지 시간의 흐름 속에 공간도 주변의 건물도 사람들의 모습도 모두 새롭게 보입니다. 땀 흘리고 난 후 가끔 들렀던 박물관식당의 된장찌개 맛도 오늘은 조금 짠 듯합니다. 내 혀에 달콤한 맛이 사라진 것인지, 요리를 하는 할머니의 손맛이 달라진 건지….

"나는 뿌리 내렸지만 흐른다."는 말로 '흐르는' 현실을 파악하는 것을 중요하게 생각했던 20세기 위대한 작가, 버지니아 울프(Adeline Virginia Woolf)! 문학계의 페미니즘과 모더니즘의 선구자로 평가받는 버지니아 울프는 자유주의와 지성이 혼합된 윤택한 가정에서 자랐습니다. 그랬던 그녀의 불운은 열세 살 때 어머니가 갑자기 세상을 떠나면서 시작됩니다. 뒤이어 언니 스텔라까지 보내고 발발한 신경쇠약증세로 인해 31살에 울프는 자살 기도를 합니다. 그러나 다시 털고 일어나 런던 몰리 칼리지에서 근로자들을 위한 강의와 여성 참정권 운동에 참여하면서 왕성한 작품 활동을 이어 갑니다. 신경증세를 겪어 가면서도 『출항』, 『자기만의 방』, 『벽 위의 자국』, 『댈러웨이 부인』 등 주옥같은 작품을 출간했지만 결국 악화된 신경쇠약증세와 주변에 고통을 주기 싫다는 마음으로 우즈강(江)에 투신하면서 그녀의 생도 흐름을 멈추게 됩니다.

울프에게 '흐르는' 것은 현실을 파악하는 것이었습니다. 그녀에게 '의식의 흐름'은 자신의 마음을 탐구하기 위한 치유 장치이기도 했고, 자기 자신을 이해하는 것이기도 했습니다. 울프에게 '나'는 특정 장소와 시간에 잡혀 있는 것이 아니라, 제약을 뛰어넘어 흐르는 것이었습니다.

언덕 위에 앉아 하늘을 보고 있으니 구름이 조금씩 흐르고 있습니다. 바람도 강물도 나무도 계절도 과학도 역사도 흐르고 있습니다. 단단한 바위도 성벽도 조금씩 허물어집니다. 몽마르트 언덕에 떠 있는 별도 흐르고, 인도 갠지스강에 버려진 뼛가루도 흐르고, 후미진 모텔에 내던지고 온 욕정도 흐르고, 미움도 사랑도 흐르고 절망과 희망도 흐릅니다. 플랫폼에 뒤도 안 돌아보고 매정하게 지나가는 KTX열차처럼….

흐른다는 것은 아직 내가 살아 있다는 것이고 변화이면서 성장이고 또한 죽음을 받아들인다는 의미도 됩니다. 시간 속에 공존하고 있는 모든 것들은 그렇게 흐르면서 어제의 아픔과 게으름을 씻어 내고 생을 책임지는 일과 겸손함을 배우라는 울림인 듯 싶습니다. 그렇게 살아 있는 동안 뿌리를 내리고 싶은 마음과 흐르고 싶은 마음의 이랑마다 꽃씨를 뿌리면 어떨까요?

마음에
내리는 봄

한 세월, 어둠과 벗하며 꽁꽁 언 땅속에서 살아야 했던 나도 이 겨 냈잖아요. 손톱에 핏 멍이 맺히고 다섯 발가락이 부어오를 때 마다 가슴에 문신처럼 새긴 희망이 샛노란 꽃으로 환생했네요.

3월 초, 나목들과 낙엽들이 어우러진 황량한 숲길을 걸으며 곳 곳의 잔설과 마른나무 가지에 핀 새싹에서 차갑고도 따뜻한 숨 결을 느껴 봅니다. 돌무덤 옆으로 얼음을 뚫고 피어난 복수초가 함초롬히 웃고 있을 때 첫사랑을 만난 듯 가슴까지 달달해지네 요. 정오의 햇발이 소낙비처럼 쏟아지면 복수초의 노란 몸체가 황금빛으로 번져 주변까지 반짝거리게 만듭니다. 한 번씩 부는 바람에 노란 꽃잎이 흔들릴 때마다 귓가에 속살거리는 소리….

"나만 보고 있지 말고 네 마음에도 봄을 심어 봐!"
"어때? 따뜻해지지 않아?"

봄의 전령사인 복수초가 피면 몸체에서 뜨거운 열이 뿜어져 나와 3~4m까지나 쌓인 주변의 눈을 녹인다고 해서 식물의 난로라고 합니다. 복수초는 복(福)과 장수(壽), 부유와 행복을 상징하기에 동양의 꽃말은 '영원한 행복'이지만 서양의 꽃말은 그리스 신화의 아도니스로 인해 '슬픈 추억'이라고 합니다.

복수초는 그 이름도 다양한데, 눈 속에 피는 연꽃이라 해서 '설연화(雪蓮花)', 쌓인 눈을 뚫고 나와 꽃이 피면 그 주위에 동그랗게 구멍이 난다고 해서 '눈새기꽃', '얼음새꽃'이라고도 합니다. 또한 새해 들어 가장 먼저 꽃이 핀다 해서 '원일초(元日草)'란 별호도 갖고 있습니다. 영원한 행복, 복과 장수를 위해 언 땅을 비집고 나와 봄소식을 전하는 복수초처럼 살 수만 있다면 그보다 아름다운 삶이 있을까요?

복수초를 보고 있노라면 그리스 신화 속의 아도니스와 아프로디테의 모습으로 클로즈업됩니다. 사랑과 욕망, 미의 여신인 아프로디테는 그리스 신화에 나오는 12신 중 가장 추하게 생긴 대장간의 신인 헤파이스토스와 결혼을 하지만 수많은 다른 신들과 사랑과 성욕을 끊임없이 나눕니다. 전쟁의 신인 아레스, 주신인 디오니소스, 전령의 신인 헤르메스, 그리고 미소년인 아도니스가 바로 아프로디테의 정부(情夫)들입니다.

아프로디테가 미소년 아도니스에 반해 사랑에 빠지자, 이를 시기한 애인 아레스가 아도니스를 멧돼지로 변신시킨 다음 사냥터에서 죽게 만듭니다. 이때 아도니스가 흘린 피가 꽃으로 변했는데 그 꽃이 바로 복수초(아도니스)가 되었다는 전설입니다. 복수초의 꽃말이 슬픈 추억인 것은 바로 아프로디테와 아도니스의 못다 이룬 사랑에서 유래된 것입니다. 아프로디테를 모습을 보고 싶은 아도니스의 마음 때문인지 복수초는 어두울 때는 꽃망울을 오므리고 있었다가 햇살이 내려야 샛노란 꽃잎을 활짝 피운다고 합니다.

3월의 첫날 만난 복수초는 슬픈 추억보다 '영원한 행복'이란 동양의 꽃말이 더 어울리는 듯합니다. 눈 속에서도 찬연하게 피어나 주변의 얼음까지 녹게 하는 봄의 전령사, 그 고혹한 설연화를 만나고부터 내 마음에도 봄이 내리고 있네요.

지금 힘드신가요?
하 세월, 어둠과 벗하며 꽁꽁 언 땅속에서

살아야 했던 나도 이겨 냈잖아요.

손톱에 핏 멍이 맺히고 다섯 발가락이

부어오를 때마다 가슴에 문신처럼 새긴 희망이

샛노란 꽃으로 환생했네요.

지금 울고 싶나요?

사랑보다 깊은 상처를 남기고 미련 없이

떠나간 사람을 나도 용서했잖아요.

가슴이 먹먹하고

혈관의 피돌기가 멈출 때마다 마음 추슬러

그린 꿈이 눈부신 봄으로 피어났네요.

이 봄날을 당신이 다 가지세요.

아, 덤으로 내 복도 드릴게요.

−복수초의 말

햇빛
마시기

햇빛으로 목욕도 하고 디오게네스와 알렉산더 대왕도 만났던 황홀한 겨울 어느 날, 비울수록 깨끗한 거리와 공간, 비울수록 깨끗한 혈관과 오장육부, 비울수록 동요로운 마음 안에 행복이라는 정원이 보이네요.

영하 15도를 웃도는 1월 중순, 모자를 쓰고 목도리를 칭칭 감고 나왔는데도 뇌에 얼음이 떨어지는 칼바람이 부는 날입니다. 모처럼 강의가 없는 날이라 집에서 보일러를 팡팡 돌리느니 도서관엘 가서 책이랑 씨름이나 하자고 나왔습니다. 그때 길 건너 나무로 된 작은 카페의 통유리창에 햇살이 부서지는 모습이 어찌나 반짝거리는지 그 빛에 이끌려 카페로 들어갔습니다.

입구에 올망졸망 놓여 있는 다육과 그 뒤로 고무나무와 벤자민, 해피트리, 산세베리아가 햇살로 목욕을 하는 듯 어찌나 평화롭게 보이는지요. 창가에 자리를 잡고 아메리카노를 한 모금 마시고 눈을 감고 햇빛으로 목욕을 했습니다. 문을 열고 사람들이 들어오고 나갈 때마다 펼쳐지는 빛의 스펙트럼, 노랗게 붉게 다시 주홍빛으로 미술관에 걸려 있는 추상화처럼 그려지는 그때….

디오게네스와 알렉산더 대왕이 대화하는 모습이 떠올랐습니다. 그리스와 페르시아 인도를 정복, 대제국을 건설했던 알렉산더 대왕, 그는 그리스 문화와 오리엔트 문화를 융합시킨 헬레니즘 문화를 꽃피우기도 한 마케도니아 왕(BC 336~ BC 323)이었습니다. '헬레니즘'이란 말은 넓게 그리스 정신과 문화 전체를 가리키는 말로 사용되는 경우도 있으나, 역사상으로는 알렉산더 대왕 때부터 로마가 지중해 주변 세계를 통일하기까지 약 300년 동안의 세월을 말하기도 합니다.

알렉산더 대왕이 인도를 정복하러 가는 길에 사람들로부터 거지 철학자 디오게네스의 소문을 듣게 됩니다. 아무것도 가지지 않았지만 대왕인 자신보다 행복하다는 소문을 들은 터라 그를 꼭 만나고 싶었습니다. 알렉산더가 부하들과 함께 디오게네스가 있는 곳에 도착했을 때, 그는 강가에서 벌거벗은 채로 햇살을 받으며 여유를 즐기고 있었습니다.

"난 알렉산더인데 내가 도와줄 것이 있으면 말하시오."
"햇빛이나 가리지 말고 옆으로 비켜 주시지요!"
눈도 뜨지 않고 말하는 디오게네스에게 기분이 상한 왕은 다시 물었습니다.
"당신은 내가 두렵지 않은가?"
"대왕은 선한 사람이오, 악한 사람이오?"
"나는 선한 사람이오."
"당신이 선한 사람인데 내가 두려워할 이유가 있겠습니까?"

건방진 디오게네스를 치려고 하는 부하를 만류하며 돌아오는 길에 알렉산더는 디오게네스의 태연함과 무욕에 큰 충격을 받고 훗날 이렇게 말했다 합니다.
"내가 알렉산더가 아니라면 디오게네스이고 싶다."

많은 사람들은 자신에게 다가온 공짜의 기회를 거절하지 못합니다. 그러나 탐욕은 칼날에 묻은 꿀과 같아서 꿀을 먹고 나면 그 칼끝이 자신을 찌르게 되는 무기로 바뀌고 맙니다. 요가에는 아파리그라하(Aparigraha, 불탐)와 산토샤(santosa, 만족)가 있는데,

아파리그라하는 무소유를 뜻합니다.

아파리그라하는 모든 소유물을 다 버리고 거지처럼 살라는 것이 아니라 당장 필요하지 않은 물건을 저장하지 말라는 뜻으로, 꼭 필요한 물건은 갖되 소유물에 대한 애착을 버리라는 의미입니다. 무소유의 의미는 모든 것을 소유하지 말라는 뜻보다는 불필요한 것으로부터 자유스러울 수 있어야 한다는 것입니다. 소박하게 살아가는 아름다움을 사랑하고, 가진 것을 나눌 줄 아는 마음이 바로 무소유입니다.

인간이 더 많은 것을 탐내는 것은, 많은 것을 갖게 되면 행복할 것이라는 욕심 때문입니다. 그러나 인류의 역사든 작금의 현실이든 탐욕의 결과는 자신에게는 허무함을 주고 타인에게는 큰 상처를 주게 되어 있습니다. 많이 가졌다고 행복한 것이 아니라 스스로 행복하다는 것을 알아차리고 누릴 수 있어야 합니다. 행복은 소유의 문제가 아니라 사유의 문제고, 결과에서 오는 것이 아니라 과정에 있기 때문입니다.

삶이 힘들수록 내려놓는 연습을 하십시오. 그리고 존재하는 삶에게 감사를 하나씩 표현해 보십시오. 분명 불안과 걱정의 멍에로부터 해방될 수 있을 것입니다. 마음 안에 웅크리고 있는 탐욕을 밖으로 남김없이 내보내십시오. 공짜를 바라지 않는 그 순간부터 아무리 높은 지위를 가진 권력자나 갑부 앞에서도 당당한 나를 만들 수 있습니다. 1,000원 하나 받은 것이 없는데 그들에게 위축될 이유가 있을까요? 그때부터 당신은 자유로운 영혼의 소유자가 될 것입니다.

햇빛으로 목욕도 하고 디오게네스와 알렉산더 대왕도 만났던 황홀한 겨울 어느 날, 비울수록 깨끗한 거리와 공간, 비울수록 깨끗한 혈관과 오장육부, 비울수록 풍요로운 마음 안에 행복이란 정원이 펼쳐지네요.

가슴은 곰처럼,
머리는 여우처럼
。

"여자는 곰같이 무던해야 해."
"그래도 여자는 여우 같아야 재미가 있지."

결혼 전 20대 시절, 큰오빠가 오빠 친구하고 나누던 이야기를 옆에서 들으며 나는 곰일까 여우일까를 생각했던 적이 있습니다. 그리고 내 몸속엔 곰과 여우의 기질이 섞여 있다고 믿었습니다. 사교적이고 쾌활하지만 불의를 보면 절대 그냥 가지를 못하는 성격에 부모님은 늘 "남자로 태어났어야 했는데, 12달 만에 태어나서 저러나, 생김새만 여자지."라고 말씀하시곤 했습니다. 그때, 내가 10달이 아닌 12달 만에 태어난 것을 알았습니다.

60년대인 당시는 제왕절개도 할 수 없어서 나올 때까지 기다리니 딱 12달 만이라고 합니다. 나올 날짜도 잊고 어머니 자궁 속에서 잠자고 있었으니, 어쩌면 나는 곰이었나 봅니다. 동굴 속에서 환웅을 만나는 꿈을 꾼 것은 아닌지….

단군설화에 보면, 곰과 범이 인간이 되고 싶어 동굴 속에서 마늘과 쑥을 먹고 지냈는데 결국 범은 참지 못하고 동굴을 나가 버렸고 곰은 힘든 시간을 참고 21일 만에 인간으로 환생합니다. 사람이 된 웅녀는 환인의 아들 환웅과 결혼해 아이를 낳았는데, 그가 바로 단군 왕검입니다. 극한의 고통을 이기고 사람이 된 웅녀의 설화를 아는 사람들은 참을성이 많은 진득한 성격을 비유할 때 곰 같다고 합니다.

동물원에 곰을 보면 여우보다 재주를 더 잘 부립니다. 춤도 추고 인사도 하고 손도 흔드는 곰을 보면, 미련하다는 것은 생김새 때문이 아닌가 싶습니다. 보이는 것이 전부가 아님을 곰이 보여 주는 것이지요. 곰의 몸속엔 여우가 들어 있었던 것입니다. 환웅을 만나기 위한 계획을 세워 놓고 마늘과 쑥을 먹으며 견디어 낸 것입니다.

2002년 개봉한 조웰 즈윅 감독의 영화 〈나의 그리스식 웨딩〉은 그리스에 대한 자부심이 넘치는 이민자 대가족인 툴라의 가족과 너무나 미국적인 이안 가족과의 만남으로 시작됩니다. 이 영화는 달달한 감성과 재미와 웃음이 어우러진 로맨틱 코미디 물로, 많은 사람들에게 잔잔한 감동을 주었는데요. 주인공 툴라는 고집불통인 아빠를 탓하는 딸에게 엄마의 명쾌한 답이 한 번씩 생각이 납니다.

"엄마, 아버지는 똥고집이야. 뭐든지 자기가 최고라고 우기잖아."
"그래, 네 아빠는 머리인 거 맞아, 하지만 엄마는 목이야. 어디를 바라볼 것인지는 엄마가 조종할 수 있거든."

아빠를 존중하고 지는 듯해도 실제로는 조종을 하고 있는 작전의 명수랄까요. 영화 대사 중에 "과거에 발이 묶여도 곤란하지만 과거는 미래의 자산이 된다는 것도 잊지 마!"라는 말이 있습니다. 실패에 얼룩진 과거라 해도 마음가짐을 어떻게 하느냐에 따라 행복의 밑거름이 될 수 있다는 뜻이겠지요.

상대를 존중하면서도 자신이 바라보고 싶은 쪽으로 돌릴 수 있는 툴라 엄마의 지혜로움이나 힘든 시간을 우직하게 견디어 냈기에 사람이 되어 단군 왕검을 낳았던 웅녀! 영화든 우화든 이 땅에 살고 있는 힘들고 외로운 이들에게 들려주는 가

르침이 아닐까요? 지금은 비록 동굴 속에 있지만 자신의 인생
은 원하는 대로 조종할 수 있다고, 단지 시간을 기다리는 것
이라고….

마음의 때,
어떻게 하고 있나요

몸에 때가 끼면 살갗이 구석구석 근질거리지만 마음에 때가 끼면 오장육부가 아파 옵니다. 몸의 때는 닦지 않아도 마음에 영향은 없으나 마음의 때를 닦지 않으면 몸도 여기저기 아파 옵니다. 마음이 당신의 몸을 움직이고 있는 것입니다.

일주일에 한 번씩 사우나엘 가는데도 타월로 박박 밀면 때가 술술 나옵니다. 우리는 매일 밤 몸을 씻고 아침에 일어나 또 세수를 하고 이를 닦고 화장품으로 단장합니다. 하루도 세수를 하지 않고 외출하는 사람은 없을 것입니다. 그렇게 살아 있는 동안 몸을 닦는 일을 하나의 의식처럼 실행하고 살아갑니다. 그렇다면 마음의 때는 어떻게 닦고 있나요?

힌두교도들은 죄를 씻고 해탈로 이끌게 하는 방법으로 갠지스강에 가서 목욕을 합니다. 그들은 죽은 뒤에 이 갠지스강물에 뼛가루를 흘려보내면 극락에 갈 수 있다고 믿고 있습니다. 갠지스강은 인도 북부를 동서로 가로질러 벵골만(灣)으로 흘러드는 강입니다. 강 유역에는 연간 100만 명 이상의 순례자가 찾아드는 유명한 바라나시를 비롯하여 하르드와르·알라하바드 등 수많은 힌두교 성지가 있습니다. 힌두교 순례자들은 바라나시로 와서 갠지스강물에 몸을 담그는데, 이는 모든 죄를 씻는 의식이기도 합니다. 그들은 매일 아침 강을 찾아 몸을 씻어 부정을 쫓아내는 의식으로 목욕의례를 하고 있습니다.

부처님이 코살라의 순타리카강에 있는 명상 숲에 머물고 계실 때의 일입니다. 어느 날, 바라문이 부처님을 찾아와 강에 들어가 목욕을 하자고 권했습니다. 바라문은 그가 부처인지 모르고 있었기에 부처님은 왜 그곳에서 목욕을 해야 하는지를 물었습니다.

"사문이여, 순타리카강은 구원의 강이요, 깨끗한 강이며 상서로운 강입니다. 누구나 여기서 목욕을 하면 죄업이 사라지게 될 것입니다."
그러나 부처님은 이렇게 말합니다.

"바라문이여, 순타리카강이나 바후카강이나 갠지스강이나 사라사티강이나 어떤 강물도 사람의 죄업을 깨끗하게 할 수 없습니다. 만약, 그 강물에 목욕하여 죄업이 사라진다면 그 강물 속에 사는 물고기는 죄업이 하나도 없다 해야 할 것이오, 그러나 어찌 사람이 물고기보다 못하다고 할 수 있겠소. 죄업을 깨끗이 하고 싶다면 오로지 청정한 범행을 닦는 것이 옳소.

생명을 함부로 해치지 말고, 남의 물건을 훔치지 말고, 남의 아내를 탐하지 말고, 남을 속이지 말아야 할 것, 이러한 사람은 우물물에 목욕을 해도 깨끗할 터이므로 굳이 갠지스강에 들어가 목욕할 이유가 없소. 그러나 범행을 닦지 않는 사람은 아무리 자주 갠지스강에 들어가서 목욕을 한다고 하더라도 그 죄업을 깨끗하게 할 수는 없소."

그저 믿는 것으로, 그저 형식적으로 죄를 씻으려는 사람들에게 이보다 더 명쾌한 답이 있겠습니까? 값비싼 옷을 입고 화장으로, 심지어 성형수술로 우리의 모습을 쉽게 바꿀 수 있습니다. 그러나 그가 하는 말과 생각 그리고 행동이 추하다면 순식간에 위선으로 전락하고 맙니다.

보이는 것보다 더 중요한 것은 쉽게 보이지 않는 내면의 마음입니다. 몸에 때가 끼면 살갗이 구석구석 근질거리지만 마음에 때가 끼면 오장육부가 아파 옵니다. 몸의 때는 닦지 않아도 마음에 영향은 없으나 마음의 때를 닦지 않으면 몸도 여기저기 아파 옵니다. 마음이 당신의 몸을 움직이고 있는 것입니다.

파리의 몽마르트 언덕에 앉아 있든, 한강의 둔덕에 앉아 있든, 갠지스강에서 목욕을 하든, 허름한 사우나에서 목욕을 하든 마음을 변화시키려고 처절하게 노력하지 않으면 아무 소용이 없습니다. 살갗을 후벼 파는 북풍과 외로움과 힘겹게 싸우며 견디고 있는 푸른 눈빛을 가진 겨울나무들, 나무는 말합니다. 혹한의 추위를 견딜 수 있었던 건 채웠던 것이 아니라 비웠기 때문이라고, 언 땅속에서도 뿌리를 지킬 수 있었던 건 원망하기보다 받아들였기 때문이라고, 절망은 잘라 내고 희망을 가불해서 썼기 때문이라고….

외로움이
찾아올 때

누군가 옆에 있어야 행복하고 아무도 없다는 것을 견디지 못하게 되면 사람에게 집착하면서 스스로를 돌아볼 시간을 잃고 맙니다. 그래서 외로움이 오는 시간은 자신을 가장 빛나게 하는 시간입니다.

'외로움이 찾아올 때, 사실은 그 순간이 사랑이 찾아올 때보다 귀한 시간이다.' 이처럼 멋진 표현이 있을까 하는 생각이 듭니다. 이 말은 내 마음이 멜랑꼴리(melancholy)해지면 불쑥불쑥 튀어나와 혼자 있는 시간, 자연의 모습과 주변의 소소한 사물에도 사랑의 눈빛으로 보게 만들어 주곤 합니다.

누군가 옆에 있어야 행복하고 아무도 없다는 것을 견디지 못하게 되면 사람에게 집착하면서 스스로를 돌아볼 시간을 잃고 맙니다. 어쩌면 외로움이 오는 시간은 자신을 가장 빛나게 하는 시간이 아닐까요?

전국을 다니면서 강의를 하다 보면 혼자 머무는 시간이 많습니다. 혼자 장시간 버스를 타고, 혼자 밥을 먹고 차를 마시며, 혼자 주변을 산책하고 사진을 찍습니다. 그렇게 혼자를 즐기다 보니 여행도, 자전거 라이딩(riding)도, 영화도 혼자 즐기는 것에 근육이 생겼나 봅니다. 타인과 시간을 맞추고 보폭을 맞추고 말을 맞추는 것에서 벗어나 온전히 마음대로 할 수 있는 자유와 친구가 된 것입니다.

언젠가 변산반도 대명리조트에서 강의를 끝내고 주변의 채석강을 산책했습니다. 마침 강 주변을 거닐고 있는 중년 남자에게 사진을 부탁했습니다.

"아저씨, 기본 5장!"
피식 웃는 아저씨를 향해 평소의 모델 근성을 마음껏 연출했습니다. 잠시 후 핸드폰을 받으러 온 저를 보고 아저씨는 의아한 표정으로 물어봅니다.

"어떻게 그렇게 혼자 잘 노시죠?"

"아저씬 제가 혼자라고 생각하세요?"

"…?"

"저 하늘의 구름이, 채석강 파도가, 백사장의 돌멩이들 그리고 저 소나무들이 모두 제 친구인데 왜 혼자예요."

"아하, 그렇게 오묘한 철학이 있는 줄이야, 저도 한 수 배웠습니다."

수행공동체인 '정토회'를 설립하고 즉문즉설(即問即說) 강의로 유명한 법륜스님은 외로움에 대해 "외로움은 내 옆에 아무도 없어서 생기는 게 아니라 마음의 문을 닫았기 때문입니다. 마음의 문을 닫으면 수많은 사람들과 함께 있어도 외로워져요. 반대로 산속에 혼자 살아도 마음의 문을 활짝 열어 놓으면 외롭지 않아요. 풀벌레도 친구가 되고 밤하늘의 별도 친구가 되니까요."라고 했습니다.

내가 평소에 생각했던 것과 법륜스님의 말이 어찌 그리 똑 같은지요. 여행을 하게 되면 걷다가 나무와 이야기도 하고 풀꽃을 보며 안부도 묻고 파도를 배경음악으로 시낭송을 읊다 보면 외로울 시간이 많지 않습니다. 그리고 그들에게 느낀 감정과 표정을 하나하나 떠올리며 글을 쓰는 시간은 얼마나 달콤한 설렘으로 가득한지요. 사람들과 여행하면서 먹고 떠들고 웃으며 함께하는 시간도 소중하지만, 혼자 있는 시간은 자연 속으로 깊이 들어가 그들의 삶과 감정을 교감할 수 있는 깨달음의 시간입니다.

해질녘 물구나무를 서는 햇발이 황금빛으로 타들어 가는 산등성이를 보면 어머니의 늘어진 젖가슴을 닮은 것 같아 가슴이 먹먹해집니다. 바닷가 절벽에 굽은 해송의 모습을 보면 아버지의 딱딱해진 등이 보입니다. 힘겨웠던 가장의 등에 매달려 그저 좋아라 했던 갈래머리 소녀는 이제 그때 아버지의 나이가 되어 버렸네요. 자연은 그렇게 오만하고 게을렀던 자신을 한없이 겸손하게 만들어 줍니다. 외로운 시간은 자연과 교감하라는 시간이고, 자신을 돌아보라는 시간이 아닐까요? 생명을 주신 부모님이 고맙고 살아 있어, 깨어 있어 고마운 시간입니다.

삶이 쓸쓸하다고
느껴질 때

"무슨 고민 있어?" "밥은 먹었어, 피곤하지 않아?" "힘들지, 바람 쐬니까 좋지?" "혹시, 지금 보고 싶은 사람 있어요? 그냥 머릿속에 툭 떠오르는 사람, 친구도 좋고, 가족도 좋고 그 사람의 얼굴을 떠올려 보세요. 눈, 코, 입, 웃음소리… 잘 기억이 나지 않나요? 생각만 말고 한번 보고 오는 건 어때요?".

위의 말은 마포대교 난간에 붙어 있는 가슴 따뜻해지는 문구들입니다. 어둠이 내리면 서울 마포대교 난간마다 불이 켜지면서 다정한 문자가 뜹니다. 보행자의 움직임을 감지하고 조명과 메시지가 보행자를 따라 반응하며 친근하게 말을 걸어오는데요. 서울시가 세계 최초로 인터랙티브형(Interactive) 스토리텔링다리로 조성한 것입니다. 삶을 포기하고자 이 곳을 찾는 사람들의 마음을 치유하고 희망을 주게 하려는 시도로 조성한 스토리텔링입니다. 나아가 자살 예방이라는 본래의 의미 외에도 스트레스에 지친 일반 시민들을 위로하는 힐링의 명소로 만들려는 의도이기도 합니다.

우리나라는 OECD 국가 중 자살률 12년 연속 1위, 한 해 자살 수(2014년 기준) 13,836명이고 이 중 한강다리에서 투신하는 사람이 993명, 그중 188건인 17.2%가 마포대교에서 일어난다고 합니다. 이렇게 해서 생긴 마포대교 생명의 다리 프로젝트는 상처를 받고 찾아오는 사람에게 위로와 위안이 되어 인생을 포기하려는 마음을 접고 용기와 희망으로 바꿔 주면서 자살자가 많이 줄었다고 합니다.

평소에 누적된 우울함으로 자살하는 이도 있겠지만, 순간에 치미는 분노와 우울한 감정을 통제하지 못해 일어나는 경우도 많습니다. 그럴 때 숨결을 가다듬고 잠시만 눈을 감아 보면 어떨까요? 그리고 죽음으로 향하는 발길을 돌리면 그곳에 길이 있습니다.

문득, 삶이 지루하거나 쓸쓸하다고 느껴질 때면 빌라 복도에 놓인 나의 애마인 자전거가 말을 걸어옵니다. "내가 있잖아, 나하고 같이 달릴까?" 자전거의 말이 귓불을 타고 들려주는 소리에 줄넘기와 물병, 그리고 책 한 권과 노트를 배낭에 넣고 아무 생각 없이 한적한 길을 달리다 보면 어느새 땀방울이 목을 타고 송송 흐릅니다. 등줄기로 내려가 발끝까지 온기를 적셔 준 땀으로 인해 박제된 가슴이 꿈틀거리기 시작합니다.

벤치에 잠시 앉아 숨결을 고르고 있으니 멀리서 3호선 전철이 지나가고 운무에 뒤덮인 북한산이 서서히 모습을 드러냅니다. 그 경이롭고 장엄한 자태에 탄성이 절로 나와 소리를 질러 봅니다. "마음아, 사랑해!"라고….

멀리서 낡은 담벼락에 써놓은 글씨가 나에게 안부를 물어 옵니다. "잘 지내지?" 어찌 알았을까요, 내가 힘들었는지. 순간 생명이 없는 벽화의 안부에도 가슴이 알싸해지는 것을 느낍니다. 어쩌면 마포대교 난간에 붙여 놓은 스토리텔링 글귀도 외롭고 지친 사람의 마음을 그렇게 위로했을 거라는 생각이 듭니다. 큰 소리로 화답을 했습니다. "그래, 잘 지내고 있어. 너도 잘 지내!"

벤치에 드러누워 하늘을 올려보았습니다. 떠나가는 먹구름과 서서히 제 모습을 드러내는 태양을 보면서 빛과 어둠은 서로 미워하는 적이 아니라 상생하는 관계라는 것을 느껴 봅니다. 자연은 그렇게 시간의 흐름에 따라 역할을 바꾸면서 서로를 응원하고 있지 않을까요?

빛과 어둠, 구름과 태양, 맑음과 흐림, 겨울과 봄, 미움과 사랑, 죽음과 삶, 포기와 희망, 눈물과 웃음, 전쟁과 평화. 삶은 먹구름과 공존할 수밖에 없고 먹구름이 가면 햇살이 내린다는 것, 그리고 구름이 오면 비가 내린다는 것, 추위가 지나면 봄이 온다는 것, 어쩌면 고통은 기쁨의 적이 아니라 뿌리가 되어 지켜 줄 것입니다. 어둠이 깊은 것은 빛을 잉태할 시간이 가깝다는 것이랍니다. 삶이 쓸쓸하다고 느낄 때가 다시 점검하고 돌아볼 때입니다.

그리움을 유지하는
거리 46센티

욕망이나 감정에 휘둘리지 않고 상황에 맞게, 위치에 맞게, 거리를 지키며 좋은 관계를 유지한다는 것은 마음에 내리는 봄 길과 같습니다. 나무와 나무의 거리처럼, 자유의 바람이 드나들고 배려와 햇살이 드나드는 거리처럼….

"왠지 거리가 생기네!"
"요즘은 그 사람과 말할 거리도 없어!"
"거리가 너무 멀어서…."

거리는 시간과 공간적으로 떨어진 거리를 말하기도 하고, 사람과 사람의 간격을 말하기도 하고, 내용이 될 만한 재료를 뜻하기도 합니다. 위의 세 가지 말의 의미는 다르게 쓰였지만 자세히 보면 서로 일맥상통(一脈相通)하기도 합니다. 거리가 멀어지니 말할 거리도 없고 관계의 거리도 멀어지는 것입니다.

나에겐 아름다운 친구가 있습니다. 카카오스토리를 통해 알게 된 우리는 서로의 매력에 빠지면서 연애하는 기분으로 메시지를 주고받았습니다. 나는 그녀만을 위한 시를 지어 보냈고, 그녀는 예쁜 옷들을 나에게 보내 주었습니다. 일 년에 한두 번은 그녀의 전원주택으로 내려가 밤새 수다를 떨며 보내기도 했습니다. 그렇게 애틋했던 그녀와 언제부터인지 카톡에 문자 남기는 것도, 전화하는 것도 뜸해지면서 아주 서서히 거리가 벌어진 것은 아닌지. 46센티의 거리를 유지하기 위해 이 봄엔 꽃편지를 써야겠습니다.

김혜남 정신분석 전문의는 '관계를 유지하는 거리'를 가족, 연인과 나 사이는 20센티, 친구와 나는 46센티, 회사 사람과 나는 1.2미터로 규정했습니다. 각각의 거리들은 사이 간에 일어나는 사회적 활동에 근거해 저자가 구체적으로 정한 수치입니다. 덧붙이면 사회적인 거리는 1.22미터에서 3.6미터이고, 공적 거리는 3.6미터 이상입니다. 이 공적 거리는 강사와 청중의 거리이기도 합니다.

페리오 치약 중엔 '46센티'라는 치약이 있는데 왜 46센티라고 지었는지 그 답을 알게 되었네요. 너무 가까운 거리는 쉽게 뜨거워질 수는 있는 만큼 금방 식을 수도 있고 상처를 받을 수도 있습니다. 46센티라는 이름도 그런 의미를 반영하지 않았을까요? 잠시 불티나게 팔리는 제품이 아니라 조금씩이라도 오랫동안 사랑받는 제품이 되고자 하는 것을 말입니다.

사람과 사람을 그립게 만드는 거리는 품격을 지키는 거리입니다. 너무 가깝지도 너무 멀지도 않은 거리, 안 보면 안부가 궁금하고 보면 편안한 그런 거리, 눈빛이 느껴지고 숨결이 닿은 거리 46센티 말입니다. 욕망이나 감정에 휘둘리지 않고 상황에 맞게, 위치에 맞게, 거리를 지키며 좋은 관계를 유지한다는 것은 마음에 내리는 봄 길과 같습니다. 나무와 나무의 거리처럼, 자유의 바람이 드나들고 배려와 햇살이 드나드는 거리처럼.

행복을 내려놓아야
행복하다

행복이라는 석양이 마실 나온 숲속에서 잎들이 준비한 축제를 볼 수
있는 두 눈과 그리운 이에게 꽃 편지를 쓸 수 있는 두 손과 자전거 페
달을 밟으며 강변을 달릴 수 있는 두 발과 무엇보다 일 년 365일
동안 휴일이 없는 사랑의 집이 가슴에 있다는 것.

행복은 모든 사람들이 간절하게 원하는 키워드입니다. 그런 행
복을 당신은 어떻게 생각하나요? "나는 정말 행복한 걸까?"라는
생각을 떠올리면서 뇌는 조건을 찾기 시작합니다. "이것도 부족
하고 저것도 없는데 행복은 개뿔!" 이렇게 부정적인 생각을 하는
순간부터 고구마 줄기 캐듯 없는 것만 떠오릅니다.

바로 신경망 경로인 망상활성화체계(Reticular Activating System,

RAS) 때문입니다. RAS의 작동방식은 뇌는 원하는 그것을 찾을 때까지 쉬지 않고 밤낮으로 검색합니다. 따라서 혼잣말이라 해도 긍정적 질문을 해야 합니다. 행복의 조건을 묻는 질문보다 "오늘 나는 좋은 일을 몇 번이나 했지?"와 같은 긍정적인 질문을 통해 RAS의 관심을 바꿔야 합니다.

사람들은 행복을 말할 때 '돈, 정원이 있는 집, 사랑하는 사람, 가족, 건강, 승진, 친구' 등을 말합니다. 물론 '여행, 사랑, 감사, 도전, 봉사, 긍정, 자기계발' 등을 말하는 이들이 없는 것은 아닙니다. 전자는 구체적인 대상이 보이지만, 후자는 눈에 보이지 않는 것들이기에 사람들은 소유하는 쪽을 행복으로 생각합니다. 그러나 행복의 성질은 쾌락이나 소유, 편안함을 갈망할수록 마음에서 멀어집니다.

행복은 길(道)을 닦는 것과 같습니다. 길이 끝날 것 같지만 걷다 보면 새로운 길이 나오듯 말입니다. 그 길을 걸으며 풀과 꽃과 나무와 바람과 하늘과 대화를 나누는 동안 마음에도 봄이 내리는 것입니다.

혹시 끝도 없이 행복을 추구하는 과정에서 외형적인 조건을 바꾸는 데 급급하지 않았는지 한 번쯤 가슴을 열고 냉철하게 생각해 볼 일입니다. 사람의 욕구는 어느 단계를 달성하게 되면, 계속하여 더 높은 단계를 기준으로 삼기 때문에 '절대적 행복, 멈춰 있는 행복'은 존재하지 않습니다. 이를 수치화시키는 것도 불가능합니다. 그렇다면 행복은 어디에 있을까요?

1. 행복은 일상 속에 있다

아침에 깨어나는 것, 공기를 마실 수 있는 것, 숲길을 산책할 수 있는 두 발과 글을 쓸 수 있는 두 손, 신선한 바람과 꽃향기, 사랑하는 사람의 체온을 느낄 수 있는 것, 플라타너스나무와 담벼락의 담쟁이덩굴을 볼 수 있는 눈, 현관에 배달된 친구의 소포물과 문자 안부 메시지, 책상에 놓여 있는 시집과 한 잔의 커피, 음악과 창밖의 새소리….

2. 행복은 슬픔과 고통 속에도 있다

고통을 피하려고 하면 할수록 몸과 마음을 병들게 합니다. 도망친다 해서 슬퍼할 이유가 사라지는 것은 아니기 때문입니다. 사고, 지인의 갑작스런 죽음, 파산, 실직, 배신 등과 같은 소식이 찾아온다면 분노하거나 피하지 말고 슬픔을 공감해 주세요. 그리고 슬픔의 소리를 들어야 합니다. 어쩌면 화도, 슬픔도 당신에게 위로받고 싶은지도 모릅니다. 밀어내지 말고! 도망가지 말고! 차라리 정면 승부를 걸어야 합니다. 운명은 피하는 것이 아

니라 즐기는 것입니다. 즐기는 것이 힘들면 받아 주세요. 받아
들이지 않으면 고통은 점점 파멸의 살을 찌우게 됩니다.

3. 행복은 혼자 오지 않는다

사람의 '인(人)'자와 어질다는 '인(仁)'은 '두 사람(二人)'이므로, 모
두 관계의 중요성을 말해 줍니다. 노자는 "귀함은 천함의 뿌리
에서 오고 높음은 낮은 것을 바탕으로 삼는다."고 했습니다. 아
름다움이나 추함, 길거나 짧음, 잘하거나 못함, 이 모든 것은
관계 속에서 나오는 것입니다. 내가 잘나가는 것은 못난 사람이
있기 때문이니 결국은 내가 잘난 것이 아니라 그 사람 덕분에 잘
나 보이는 것입니다.

긍정심리학의 창시자 마틴 셀리그만(Martin Seligman)은 행복한 사
람들 중 항상 상위 10%에 들어가는 사람을 조사했는데, 행복한
사람은 인간관계가 좋은 사람들이라는 조사 결과가 나왔습니다.
돈이 많아도, 미모가 뛰어나도, 권력을 갖고 있어도, 몸이 건강
해도 불행하다고 생각하는 사람은 인간관계에 문제가 있는 것입
니다. 인간관계는 존중과 배려가 선행되어야 하는데, 그러기 위
해서는 자신을 존중하는 법부터 익혀야 합니다. 행복이란 단어
보다 더 아름다운 말이 '사랑'입니다. 나를 사랑하고 너를 사랑하
고 이웃을 사랑하는 법, 세상을 사랑하는 법을 익혀야 합니다.

습관은
제2의 자연이다

나는 당신의 생각을 듣고 자랐습니다. 나는 당신이 행동한 것을 보고 따라 하기 시작했습니다. 나는 이제 당신의 모습을 만들고 있습니다. 나는 당신을 행복하게도 불행하게도 만듭니다. 나는 당신을 성공으로 이끌기도 하고 실패로 끌어내리기도 합니다.

프랑스 철학자 몽테뉴는 "습관이란 것은 참으로 음흉한 여선생이다. 그것은 천천히 우리들의 내부에 그 권력을 심는다."고 했습니다. 음흉한 여선생이든 남선생이든 길을 잘못 들어서게 되면 음흉해집니다. 습관은 내 마음속이나 내 몸 깊숙이 들어와 기생하고 있다가 누군가를 만날 때나 힘이 들 때, 어떤 일을 결정할 순간에 나도 모르게 튀어나와 나의 대변인이 되어 버립니다.

벼룩이 뛰는 자리에 투명 유리판을 40㎝ 정도에 놓아두면 아무리 높이 뛰어올라도 유리판에 부딪혀 더 이상 튀어 오를 수 없게 됩니다. 그 행동이 수천 번 반복되면서 벼룩은 스스로를 보호하기 위해 40㎝ 높이에 자신을 맞추어 버리는 것입니다. 그 후, 유리판을 치워도 벼룩은 그 이상 뛰어오르지 못합니다. 투명 유리판이 벼룩의 능력을 40㎝ 이상 뛰어오르지 못하게 만들어 버린 것이지요.

습관이란 것은 처음엔 풀잎처럼 약하고 힘이 없지만 반복함에 따라 쇠줄처럼 단단하게 굳어져 어떤 도구를 사용해도 쉽게 끊을 수 없어집니다. 이제 그 쇠줄을 하나의 자연처럼 받아들이고 그 안에 사는 것이 운명이라고 생각하게 되는 것입니다. 그래서 습관은 제2의 자연이라는 것입니다. 습관은 그렇게 주종의 관계를 바꾸다가 마침내 자연의 영역까지 침범해 인간이 만든 자연이 되어 버립니다. 이 때문에 습관을 가치 있고 유익한 것으로 채우지 않으면 결국, 나쁜 습관으로 인해 귀한 시간과 인생을 망치게 되는 것입니다.

미국의 격주간 경제전문지 포브스는 얼마 전 '성공을 막는 13가지 작은 습관'이란 제목의 기사를 실었습니다. 여기에서 13가지는 맞춤법 실수, 행동에 앞서는 말, 성급한 결정, 불평불만, 허풍 떨기, 남 탓하기, 요령 찾기, 열정 있는 척하기, 목적 없이 살기, 부탁 다 들어주기, 인생 쉽게 생각하기, 생각 없이 행동하기, 현실 부정하기 등입니다. 무엇보다 성공을 가로막는 첫 번째 습관으로 사소한 맞춤법 실수를 꼽은 것이 흥미롭습니다.

언젠가 지인에게 문자를 보냈는데 이런 답변이 와 당황했던 적이 있습니다. "내가 맛있는지 먹어 보셨나요?" 이건 또 무슨 소리인가 싶어 다시 확인해 보니, 그녀에게 "선생님, 참 멋있어요."라고 보낸다는 것이 "참 맛있어요."라고 쓴 것입니다. '멋'이 '맛'으로 바뀌니 뜻이 완전히 달라진 것입니다. 상대가 남자였다면 어쩔 뻔했을까요.

상대에게 글자를 잘못 썼다고 해명하면 이해하겠지만, 잦은 맞춤법 실수는 신뢰가 가지 않고 경망스럽게 느껴질 수 있습니다. 만약에 "나는 문제가 많아요."라고 보낸다는 것을 "너는 문제가 많아요."라고 보낸다면 어떨까요? '나'를 '너'로 쓴 것이 상대방을 비난한 것이 되고 맙니다. 보내기 버튼을 누르기 전에 반드시 확인해야 이런 실수를 예방할 수 있습니다.

한자로 '습관(習慣)'이란 단어는 어린 새가 날갯짓을 하는 '習(습)'과 엽전을 줄로 꿰듯 마음에 꿰는 '慣(관)'으로, 어린 새가 날갯

짓을 연습하듯 늘 반복하여 마음에 꿰인 것을 말합니다. 그래서 반복하는 행동이 마음을 꿰기 전에 그 행동을 점검해야 한다는 것입니다. 이것이 육신이 아닌 내 마음을 편하게 하는지, 타인에게 해를 끼치는 것이 아닌지, 사회적으로 가치가 있는 일인지, 함께 기뻐할 수 있는 일인지 말입니다.

오늘 내가 한 행동을 잠들기 전에 점검하고, 다시 긍정적이고 생산적인 행동으로 자리 잡을 수 있도록 나태함을 자극해야 합니다. 육신이 편하면 게을러지고 이 게으름은 영혼을 피폐하게 만들어 버리기 때문에 종내에는 부정과 부패에조차도 익숙해져 아무런 비판 없이 받아들이게 되는 것입니다.

습관은 처음엔 밥을 먹듯 편안하게 시작되지만 나중에는 문신처럼 살갗을 파고 들어가 또 다른 내가 되어 동고동락하게 되는 것입니다. 틈나는 대로 웃음과 소소한 일상에 감사하는 연습을 해야 합니다. 어떤 조건이 이루어져 행복한 것이 아니라, 지금 이 자리 이렇게 존재하고 있는 것에 행복하다고 말할 수 있어야 합니다. 누구보다 열심히 살려고 하는 자신에게 더 뜨겁게, 더 감동하며 살려고 노력하고 혹여 슬픔이 휘몰아친다 해도 마지막 순간까지 자신을 믿어야 합니다. 잘하고 있다고, 아주 잘되고 있다고….

마음의 밭에
뿌리는 꽃씨

희망이란 내 안에서 뿌리는 꿈의 씨앗들입니다. 씨앗의 크기나 종류와 양이 중요한 것이 아닙니다. 꿈의 씨를 가지고 있느냐 없느냐의 문제입니다. 내 안에 웅크리고 있는 꿈을 끄집어내 사랑과 정성의 옷을 입혀 주세요.

햇살 맑은 오월 어느 날, 길을 걷다 낡은 집 담장 밖으로 삐져나온 넝쿨 장미꽃들이 눈에 들어왔습니다. 벽화가 지워진 낡은 담벼락이 장미꽃더미로 인해 주변까지 아름답게 물들이는 것을 봅니다. 문득, 내 마음의 담벼락에 꽃을 그려 갑니다. 바람꽃, 자목련, 찔레꽃, 조팝나무, 모란, 민들레…. 이렇게 꽃들을 가슴에 담노라니 입꼬리가 귀로 올라가 히죽거리고 걷는 나를 봅니다. 넝쿨장미가 나를 웃게 했지만, 오월은 나를 보고 웃는 듯합니다.

콩 심은 데 콩 나고 팥 심은 데 팥 난다는 속담에서 말하듯 모든 씨앗은 자신이 뿌린 대로 그 열매를 맺습니다. 호박씨는 오이를 피울 수 없고 해바라기꽃씨는 국화꽃을 피울 수 없고 사과나무가 포도를 맺을 수 없듯 우리 마음에 뿌리는 생각도 그 모습대로 열매를 맺게 됩니다.

불평의 씨를 뿌리면 실패라는 열매를 맺게 되고
미움의 씨를 뿌리면 분노와 증오란 열매를 맺게 됩니다.
비교의 씨를 뿌리면 불안이란 열매를 맺게 되고
감사란 씨를 뿌리면 기쁨과 평화라는 열매를 맺게 됩니다.
용서란 씨를 뿌리면 사랑이라는 열매를 맺게 되고
사랑이란 씨를 뿌리면 행복이란 열매가 맺게 됩니다.

인생의 무상함에 삶의 의미를 찾지 못했던 한 시인이 있었습니다. 그는 자신의 주변을 정리한 후에 생을 마감하기로 하고 인적 드문 황무지에 자신이 들어갈 구덩이를 팠습니다. 마지막으로 자신이 누울 공간이 너무 황량한 것 같아 곳곳에 씨를 뿌렸습니다. "죽은 후에 꽃들이 무덤가를 지켜 주겠지."라는 생각을 하니 오랜만에 마음의 평안함을 느꼈습니다.

시간이 지나 그곳을 찾아온 시인은 어느새 활짝 핀 꽃들을 보고 흐뭇했습니다. 그때, 엄마 손을 잡고 꽃을 구경하던 7살 먹은 여자아이가 시인에게 물었습니다.

"그런데 아저씨, 저 구덩이는 뭐예요?"
순간 당황했던 시인은 얼떨결에 이렇게 대답했습니다.
"으응, 이 구덩인 너처럼 예쁜 아이를 위해 사과나무를 심으려고 파 놓은 거야. 훗날 와서 보렴? 너처럼 예쁘게 자라 있을 테니까!"
생각도 못했던 이야기를 들은 아이는 환하게 웃으며 시인에게 큰 소리로 말합니다.

"아저씨! 제가 몇 년 후에 다시 꼭 올게요."

삶의 무상함과 우울함에 죽으려고 했던 시인은 이제 죽을 수가 없게 되었습니다. 아이에게 사과나무를 보여 주어야 하는 희망이 생겼기 때문입니다. 희망이란 내 안에서 뿌리는 꿈의 씨앗입니다. 씨앗의 크기와 종류와 양이 중요한 것이 아닙니다. 꿈의 씨를 가지고 있느냐 없느냐의 문제입니다. 내 안에 웅크리고 있는 꿈을 끄집어내 사랑과 정성의 옷을 입혀야 합니다. 꿈과 연애를 하는 동안 하루하루의 삶은 희망으로 바뀌는 것입니다. 그럴 때 당신의 모습도 누군가의 희망이 됩니다.

물에 빠지면 만나는 적이 허우적이라고 하지요. 그러나 물에 빠져도 희망을 잃지 않으면 만나는 적이 바로, '기적'입니다. 당신의 마음이란 텃밭에 뿌리는 꽃씨를 점검하십시오. 혹여, 불순물이 섞여 있다면 반드시 걸러내 쓰레기통에 미련 없이 버려야 합니다. 쓰레기통으로 들어가야 할 것이 혹, 당신의 마음에 있지는 않는지요?

내 자신이
보고 있다는 것

내 안의 양심이 움직이면 누군가의 마음에 사랑을 피우고 내 안의 욕심이 움직이면 누군가의 마음에 미움을 심게 됩니다. 인생은 양심과 욕심의 싸움입니다. 욕심을 잘 다루어 양심이 이기는 삶이 되면 당신은 누군가의 희망이 됩니다.

씹고 있던 껌을 버리려니 주변에 휴지통이 보이지 않습니다. 손에서 만지작거리다 아무도 안 볼 때 버리려니 보도블록에 다닥다닥 붙어 있는 새까만 껌 딱지들이 나를 노려봅니다. 부끄러운 마음에 가방 속의 노트를 찢어 그 안에 껌을 돌돌 말아 주머니 속에 넣었습니다.

어느 절에 주지스님이 아끼는 동자승이 있었습니다. 이 동자승은 못생기고 행동도 느려 많은 동자승들로부터 무시당했습니다. 어느 날 주지스님은 동자승들을 불렀습니다. 그러고는 모든 동자승들에게 새 한 마리씩 나누어 주면서 과제를 냈습니다.

"이 새를 아무도 보지 않는 곳에서 죽인 후 주검을 가지고 오면 내 후계자로 삼겠다."

시간이 흐르고 죽인 새를 가지고 온 동자승들은 저마다 흥분되어 있었습니다. 한 명, 두 명 모든 동자승들이 모였는데 주지스님이 아끼던 동자승은 보이지 않았습니다. 동자승들은 이구동성으로 말합니다.

"분명 도망갔을 거야."
"바보 같은 게 제대로 할 수 있는 것이 하나도 없다니까!"

어느덧 해가 지고 사위가 캄캄해졌습니다. 더 이상 미룰 수 없어 주지스님이 입을 열려고 할 때쯤, 부스럭거리는 소리가 나면서 동자승이 잔뜩 풀이 죽은 얼굴로 왔습니다. 동자승의 품 안에는 새가 짹짹거리고 있었습니다.

"하하, 그러면 그렇지!"

제자들은 모두 그 동자승에게 손가락질을 했습니다. 하지만 주지스님은 너그러운 표정을 지으며 동자승에게 물었습니다.

"너는 왜 그 새를 아직까지 살려 주었느냐?"
"어느 누구도 보지 않는 곳은 아무리 찾아다녀도 없습니다."
"네 뒤를 누가 밟기라도 했느냐?"
"아니에요. 그렇지 않습니다."
"그럼 누가 보더냐?"
"네, 제 자신이 보고 있었습니다."

순간 주변이 조용해졌습니다. 동자승을 조롱한 제자들은 미처 깨닫지 못한 일이었기에 모두 고개를 숙였습니다. 어쩌면 주지 스님도 그것을 깨닫는 후계자를 찾고 있지 않았을까요? 이 이야기를 접하고부터 겉과 속이 다른 행동을 할 때면 동자승의 말이 떠오릅니다. 그리고 내 안의 내가 물어봅니다. "거봐! 너도 가면을 쓰고 있는 거야! 말처럼 행동하기 힘들지?"

우리는 그렇게 보이지 않는 공간에서는 함부로 행동하거나 자신보다 약한 사람을 무시하고 있는지도 모릅니다. 그리고 언제 그랬냐는 듯 많은 사람들 앞에서는 우아한 연기를 하고 있지는 않는지요? 언제 어디서든 스스로 보고 있다는 것을 알아차릴 수만

있어도 페르소나(persona)의 외적 인격은 내적 인격으로 일체가
되지 않을까요? 단지 보여 주기 위한 모습이 아니라 보이는 그
대로의 모습이 나인 것으로 말입니다.

갈대처럼 흔들리는 삶을
통제하지 못하고 시간을 잃었지만
지금이 선물임을 알았다면
이 또한 행복입니다.

2부

희망의
싹 틔우기

너, 지금
괜찮니?

내 삶에 아픔이 많다는 건 더 눈부신 꽃을 피우기 위해 몸부림치는 거라는 걸, 내 삶에 폭풍이 몰아치는 건 비옥한 마음의 밭을 가꾸라는 하늘의 소리인 걸, 달콤한 유혹에도 뿌리 깊은 나무가 되어 낮은 자리를 외면하지 않는 내가 그저 고맙고 기특하다.

마음이 지치거나 힘이 빠질 때면 한 번씩 읊어 보는 자작시입니다. 계획했던 일이 틀어지고 지출할 것은 많은데 통장이 바닥일 때면 마음까지 초라해집니다. 그 순간부터 의욕도 자신감도 떨어지고 사람과의 관계에서도 여유가 없고 자꾸만 짜증이 납니다. 고민은 걱정과 불안, 두려움이란 새끼를 치면서 몸까지 휘청거리게 한답니다.

지금 당신 앞에 많은 문제가 산적해 있다면 당장 해결할 수 없는 것과 해결할 수 있는 것을 분리해야 합니다. 중요한 것의 순위를 매겨 놓고 최상의 것에 집중하셔야 해요. 지금 당장 풀 수 없는 것은 짜증내거나 스트레스를 받는다고 해결되는 것이 아닙니다. 몸도 마음도 생각 과다라는 짐 때문에 상하게 되는 것입니다. 어제의 짐과 내일의 짐을 내려놓고 오늘의 짐만 짊어지십시오.

마음이 혼란스러우면 몸을 쓰는 일에도 인색합니다. 방 안에 처박혀 문제에만 골몰하다 보면 뇌는 스트레스회로를 만들 뿐입니다. 몸서리치게 아프고 외로울 때면 시(詩)를 외우며 산책을 하십시오. 신기하게도 마음이 고요하고 따뜻해지는 것이 느껴질 것입니다. 몸이 건강하다면 못할 것이 없습니다.

그러나 다리가 아프면 가고 싶어도 갈 수 없고, 손이 움직이지 않으면 하고 싶어도 할 수 없는 일이 많습니다. 말을 못하면 소통이 힘들고 눈이 보이지 않으면 세상은 암흑이 되고 귀가 들리지 않으면 세상은 침묵으로 바뀝니다. 이토록 귀한 몸이 마음의 지배를 받고 있다는 것입니다. 그러니 마음의 동굴에서 빠져나와 햇빛을 마시며 셀프 대화를 해 보세요.

영국의 혁명기에 활동하던 시인이었던 존 밀턴(John Milton,

1608~1674)은 마흔두 살쯤 실명의 고통 속에서도 인간의 원죄를 주제로 한 장엄한 서사시 『실낙원(Paradise Lost)』 12권을 집필하여 셰익스피어 다음가는 대시인이라는 지위를 얻었는데요. 그는 "마음은 그 자신의 터전이니라. 그 안에 지옥을 천국으로 천국을 지옥으로 만들 수 있나니!"라고 했습니다. 마음으로 그리는 그림의 붓은 당신 손에 들려 있습니다.

장님이자 벙어리였던 헬렌 켈러(Helen Keller, 1880~1968)! 그런 치명적인 악조건에도 불구하고 사회사업가로, 작가로, 인권운동가로 왕성하게 활동했던 그녀는 "내가 반세기의 생애에서 무언가 배운 것이 있다면 그것은 인간에게 행복을 주는 것은 그 자신밖에 없다는 것이다."라는 말로 삶이 행복하든 불행하든 그것은 온전히 자신의 책임이라는 것을 일깨워 주었습니다. 자신을 믿고 자신에게 희망을 주지 않으면 삶은 바뀌지 않습니다. 무엇보다 불평불만은 세상이 당신에게 등을 돌리게 만듭니다.

흙이 들어간 물을 계속 흔들면 흙탕물로 남아 있지만 가만히 두면 맑은 물로 바뀝니다. 불씨가 사그라질 쯤 바람이 불면 불꽃이 일어나 화마로 바뀔 수 있습니다. 마음도 그와 같습니다. 걱정은 불안이라는 흙탕물과 두려움이란 바람을 불러와 분노와 우울증의 감옥에 가두어 버립니다. 마음이 혼란스럽거나 힘들 때면 잠시 생각을 멈추고 주변 조용한 곳을 산책하십시오. 깊은 호흡을 통해 마음의 가스를 빼내고 자신과 대화를 하는 겁니다. 지금 시련이 온 것은 마음의 근력을 만들기 위한 것이라고 자신에게 단호하고 명확하게 들려주세요.

미국 일리노이대학교 연구팀의 '혼잣말과 자제력에 대한 연구'에 따르면, 식탐이 생길 때 스스로에게 "먹지 마!"라고 단호하고 명확하게 말하는 것이 운동 능력을 향상시켜 식탐을 억제하는 데 실질적으로 도움을 준 것으로 드러났습니다. 또한 연구진은 대학생 135명이 2주 동안 운동을 하면서 한 그룹에게는 "나는 다이어트에 성공할 수 있다."처럼 1인칭으로 혼잣말을 하도록 했고, 다른 그룹에게는 "ㅇㅇ야, 너는 다이어트에 성공할 수 있어?"라고 자신을 2인칭으로 대상화하여 혼잣말을 하도록 했습니다. 결과는 '나'로 시작하는 혼잣말보다 '너'로 시작하는 2인칭 혼잣말을 했을 때가 운동을 더 꾸준히 했다고 합니다.

삶은 여인숙과 같습니다. 매일 어떤 손님이 언제 찾아올지 모릅니다. 때로는 욕쟁이가 올 수도 있고 때로는 간사한 사람이 올 수도 있고 때로는 점잖은 사람이 올 수도 있습니다. 그렇게 찾아오는 이들과의 분쟁을 없애려면 평소에 마음근력을 키워 놓아야 합니다. 자기 대화는 삶이 힘들거나, 인생의 방향을 정해야 할 때나, 큰일을 앞두고 있을 때 마음을 조절할 수 있는 회복탄력성을 키워 줍니다. 자신을 깊이 되돌아보게 하고 지지와 신뢰를 보내면서 성취도와 자제력을 키워 줍니다. 꽃비가 내리는 봄날, 비발디의 사계가 온몸을 휘감아도 감흥이 느껴지지 않는다면 마음의 방을 점검해 보셔야 합니다. 먼지가 많이 쌓였는지, 부품들이 고장이 났는지….

내 삶에 아픔이 많다는 건
더 눈부신 꽃을 피우기 위해
몸부림치는 거라는 걸.

내 삶에 폭풍이 몰아치는 건
비옥한 마음의 밭을 가꾸라는
하늘의 소리인 걸.

달콤한 유혹에도
뿌리 깊은 나무가 되어
낮은 자리를 외면하지 않는
내가 그저 고맙고 기특하다.

꿈을, 희망을,

한 번도 포기하지 않고
또다시 새로운 도전을 즐기는
내가 나여서 고맙다 사랑한다.

사랑한다. 나를, 내가 가꾸는 삶을…

−나에게 쓰는 편지

당신, 지금을
잘 쓰고 있나요?

변화와 성장은 행동을 통해 완성되고, 이는 입과 손과 발을 어떻게 쓰느냐에 따라 품격 있고 아름다운 내가 될 수도 있고 비열하고 추악한 내가 될 수도 있습니다.

『탈무드』에 인간의 몸에는 6개의 소용(所用)되는 부분이 있다고 합니다. 그것이 눈과 코와 귀 그리고 입과 손과 발입니다. 그중 눈과 코와 귀는 자신의 의지대로 할 수 없지만, 나머지 입과 손과 발은 자신의 의지대로 조종할 수 있습니다.

우리는 보고 싶은 것만 보고, 듣고 싶은 것만 듣고, 향기로운 냄새만 맡을 수는 없습니다. 들꽃만 보려 해도 그 옆에 있는 쓰레기와 벌레도 이미 눈으로 들어옵니다. 깨어난 순간부터 잠들 때까지 듣는 희망과 절망의 소리, 사랑과 전쟁의 소리들이 통제할 수 없이 들립니다. 우리의 몸 하나하나 중요하지 않은 것은 없지만 유독 입과 손과 발의 사용을 강조하는 것은 변화와 성장을 만들 수 있는 중심 역할을 하기 때문입니다. 입과 손과 발을 통해 꼭 잡아야 할 키워드가 바로 '현재(present)'와 '긍정(positive)' 그리고 '열정(passions)'입니다.

1. 현재를 잡아라(Carpe diem)

"카르페 디엠!"

이 말은, 영화 〈죽은 시인의 사회〉에서 규율과 전통을 중시하는 명문 기숙학교에 새로 부임한 키팅 선생이 학생들에게 외치면서 대중들 속으로 파고들어 온 말입니다. "오늘을 즐겨라. 카르페 디엠이란 소리가 들리지 않니? 우리는 언젠가 죽는다. 시간이 있을 때 장미 꽃봉오리를 즐겨라!" 영화에서 '카르페 디엠'은 전통과 규율에 도전하는 청소년들의 도전과 자유정신을 상징하는 말이 되었습니다. 이는 고대 로마의 시인 호라티우스의 라틴어 시 한 구절에서 유래된 말입니다. "짧은 우리네 인생에 긴 욕심일랑 잘라 내라. 말하는 사이에도 우리를 시샘한 세월은 흘러갔다. 내일은 믿지 마라. 오늘을 즐겨라!"

우리는 우리의 미래를 예측할 수는 있으나 어느 누구도 알 수도, 보장할 수도 없습니다. 언제까지 살고 어떻게 바뀌고 얼마만큼 성장할지 말입니다. 수많은 이들이 오늘의 중요성을 역설하는 것은 어제와 미래를 연결해 주는 다리가 오늘이며 오늘을 통해 어제를 기억할 수도, 내일의 희망을 가질 수도 있기 때문입니다. 무엇보다 지금은 살아 있는 유일한 시간이고 변화할 수 있는 유일한 시간이며 당신의 삶에서 가장 젊은 시간이기 때문입니다.

모든 교통수단에는 탑재량이 있듯 사람 또한 자신이 짊어져야 할 짐이 있습니다. 직장인으로서 부모로서, 자식으로서, 국민으로서, 지도자로서 져야 할 짐 말입니다. 짐은 변화와 성장을 위한 선물이 될 수 있지만 과적을 하게 되면 질병으로, 사고로 이어질 수 있습니다. 어제의 짐과 내일의 짐을 모두 오늘 지고 가려 한다면 아무리 강한 사람도 쓰러질 수밖에 없습니다. 오늘이라는 짐만 지고 가십시오. 지금 만나는 사람, 지금 하고 있는 일, 지금 머문 장소에 몰입하십시오. '隨處作主 立處皆眞(수처작주 입처개진)'이란 말처럼 머문 자리에 주인이 되는 곳이 바로 진리의 자리입니다.

2. 긍정을 잡아라(Be positive)
어느 초등학교에 긍정 경험과 부정 경험이 주는 실험을 했습니다. 성적이 비슷한 그룹을 다시 두 그룹으로 나누어 A그룹에는 기분이 나빴던 경험을 5가지 쓰라고 한 다음 수학시험을 보게 했고, B그룹은 기분 좋았던 경험을 5가지 쓰고 나서 수학시험을 보게 했습니다. 놀랍게도 성적이 비슷한 학생들이었음에도 불구하고 긍정 경험을 쓴 그룹이 부정 경험을 쓴 그룹보다 5점 정도 더 높게 나왔습니다. 단 10분간의 감정 표현에도 다음 학습에 영향을 미친다는 놀라운 결과가 아닐 수 없습니다.

뇌의 기억, 학습, 감정을 담당하는 편도체(amygdala)는 분노, 공포, 두려움으로부터 자신을 지키기 위해 아드레날린, 코르티솔(cortisol) 같은 스트레스 호르몬을 분비하면서 몸 전체를 비상태세로 전환시킵니다. 이렇게 몸속에서 부정적 감정의 호르몬이 활성화되면 전두엽이 제 활동을 하지 못해 사소한 것에도 욱하게 되는 감정의 노예 상태가 됩니다. 뇌 속의 좋은 기억은 선순환의 고리를 만들지만, 나쁜 기억은 악순환의 고리를 더욱 강하게 할 뿐입니다.

긍정성을 키우는 일은 전두엽을 강화시켜 감정을 조절할 수 있는 능력을 기르는 일입니다. 어떠한 상황이 좋지 않게 흐를 때 부정하거나 걱정 근심으로는 절대 해결할 수 없습니다. 결국은 받아들이고 위기를 돌파할 지혜를 모아야 합니다. 이때의 긍정은 기회로 만들 수 있는 기적이 될 수 있습니다. 긍정의 영향을 가장 많이 받는 것이 언어입니다. 우리는 우리의 생각과 느낌 그리고 확신을 언어로 표현합니다. 따라서 언어에 희망의 옷을 입히고 사랑과 공감의 향수를 뿌려 내 밖으로 내보내야 합니다.

3. 열정을 잡아라(Hold your passions)

> "평균적인 사람은 자신의 일에 자신이 가진 에너지와 능력 25%를 투여한다. 세상은 능력의 50%를 일에 쏟아붓는 사람들에게 경의를 표하며, 100%를 투여하는 극히 드문 사람들에게 머리를 조아린다." - 앤드류 카네기

삶이 시들해지고 의미가 없이 느껴질 때면 낙엽처럼 스스로 물기를 빼 버립니다. 물기가 빠진 낙엽은 스스로 온몸을 산화시켜 버리지요. 열정도 그렇습니다. 마음속 강렬한 애정과 자신감을 잃게 되면 무기력감에 빠져 삶의 희망을 상실하고 맙니다.

'불광불급(不狂不及)'이란 말이 있습니다. 미치지 않으면 미치지 못한다는 이 말은 어떤 일이 열정을 갖지 않으면 도달할 수 없다는 의미로 쓰입니다. 뜨겁지 않으면 열리지 않고 미치지 않으면 이루지 못합니다. 세계적인 작곡자이자 음악의 어머니로 불리

었던 헨델이 중풍으로 쓰러진 것은 그의 나이 52세 때였습니다. 반신불구의 몸이 되었다가 기적적으로 건강을 되찾아 56세에 만든 〈메시아〉라는 곡은 스스로도 감동에 겨워 기도하며 눈물을 흘리면서 불과 3주 동안에 완성한 곡입니다. 그의 음악에 대한 창조적 열망으로 건강이 회복된 것입니다.

삶에 대한 간절함, 꿈에 대한 열망, 목표를 실천하며 살겠다는 의지를 가지면서부터 변화는 시작됩니다. 믿음과 습관은 바람보다 수천 배 강력하기 때문에 열정은 곧 현실로 이어집니다. 그것에 대해 존 아사라프 & 머레이 스미스가 쓴 『The Answer』에서는 RAS(Reticular Activating System, 망상활성화체계)가 우리가 원하는 상과 일치할 때까지 찾고 검색하기 때문이라고 합니다. RAS가 당신이 필요한 소리만 골라 당신의 의식 안으로 밀어 넣는다는 것, 때문에 걱정은 나를 향한 저주이고, 믿음은 나를 향한 애정과 열정입니다.

청춘은 나이의 문제가 아니라 생각과 실천의 문제입니다. 당신의 마음에 열정이란 뿌리 깊은 나무를 심어 놓으면 어떨까요?

그럼에도, 유쾌하게
생각하고 말하기

아무리 힘들고 화가 나도 눈을 감고 심호흡을 몇 번 하면서 나의 뇌에 있는 행복발전소를 가동시켜야 합니다. 뇌 행복발전소는 긍정과 웃음, 그리고 희망을 먹어야 오랫동안 잘 사용할 수 있습니다.

"그가 하루 종일 생각하고 있는 것, 그 자체가 바로 그 사람이다." 랄프 왈도 에머슨(Ralph Waldo Emerson), 미국의 사상가이자 시인이었던 그는 자연과의 접촉에서 고독과 희열을 발견하고 정신을 물질보다도 중시하고 직관에 의하여 진리를 알고, 자아의 소리와 진리를 깨달으며, 논리적인 모순을 관대히 보는 신비적 이상주의자였습니다. 에머슨의 말을 매일 곱씹어 생각하면서 희망적인 생각, 긍정적인 생각, 따스한 생각을 하자고 하지만 나 역시도 힘들고 외로움이 가슴을 후벼 파다가 불평의 물

꼬가 터지기도 하는데, 그럴 때면 정호승 시인의 「수선화에게」는
얼마나 외로움을 잘 달래 주는지요.

울지 마라
외로우니까 사람이다
살아간다는 것은 외로움을 견디는 일이다
공연히 오지 않는 전화를 기다리지 마라

눈이 오면 눈길을 걸어가고
비가 오면 빗길을 걸어가라
갈대숲의 가슴 검은 도요새도 너를 보고 있다
가끔은 하느님도 외로워서 눈물을 흘리신다

새들이 나뭇가지에 앉아 있는 것도 외로움 때문이고
네가 물가에 앉아 있는 것도 외로움 때문이다
산 그림자도 외로워서 하루에 한 번씩 마을로 내려온다
종소리도 외로워서 울려 퍼진다

사람들은, 사건보다 인식으로 세상을 보게 됩니다. 저질러진 일
때문에 상처를 받는 것이 아니라 그 일에 대한 생각 때문에 더
상처를 받게 되는 것입니다. 사랑하는 사람을 만나러 가는 길에

바람이 불고 폭설이 내려 설혹 한 바퀴 굴렀다 해도 웃음으로 툭툭 털고 일어나게 되지만, 지인의 문상을 하러 가는 길에 넘어졌다면 정신적인 우울함이 다친 부분을 더 아프게 만들지 않았을까요. 내 생각대로 사건도 보이게 됩니다.

인간관계, 자기관리의 대가였던 카네기(Dale Carnegie)는 "인간이란 불가피한 일과 싸우면서 새로운 생활을 창조할 수 있는 감정과 활력을 지니지는 못하고 있다. 그러므로 어느 쪽이든 그 하나를 선택할 수밖에 없다."고 말합니다. 어느 쪽을 선택하느냐에 따라 운명이 달라질 수 있습니다. 그런데 부정이란 놈은 선택하지 않아도 자주 튀어나오지만, 긍정이란 놈은 선택할 때까지 숨어 있다는 것입니다. 이 때문에 우리는 끊임없이 나의 마음을 유쾌한 쪽으로 선택하고 관리해야 하는 책임을 져야 합니다.

분노는 어느 누가 가르치고 학습하지 않아도 사방팔방으로 번식하는 엄청난 힘을 갖고 있습니다. 그것이 부정과 불평의 무서운 속성입니다. 그렇다고 분노의 감정이 무조건 나쁜 것은 아닙니다. 문제는 분노해야 할 때 화를 내는 것이 아니라, 분노하지 않아도 될 소소한 일에 화를 내는 일이 다반사라는 것입니다. 의견이 나와 다르다 해서, 자신의 말을 안 듣는다 해서, 자신의 차를 추월했다 해서 아이가 공부를 안 한다고 해서, 연인이 헤어지자고 해서, 모르는 사이인데 웃는다 해서, 부모가 잔소리한다 해서 때리고 학대하고 죽이기까지 하는 끔찍한 사건이 끊이지 않습니다.

작은 부정적 감정을 방치하게 되면 그것이 눈덩이처럼 커져 사건 때문에 화를 내는 것이 아니라 자신의 감정을 정당화시키려고 더 화를 내게 되는 것입니다. 화(火)도 학습이고 쾌(快)도 학습입니다. 잘 웃는 사람이 타인에 대한 이해와 배려가 많다는 것은 웃으면서 화를 내기가 어렵기 때문입니다. 반대로 인상이 고약한 사람은 화를 내기가 쉽습니다. 그가 원래 고약한 인상이 아니라 고약한 생각과 말을 많이 했기 때문에 그런 인상으로 바뀐 것이니까요.

스트레스가 쌓일 때, 금전적으로 조여 올 때, 나를 비난한 사람의 얼굴이 떠오를 때, 유쾌한 생각을 한다는 것이 쉬운 일은 아닙니다. 어쩌면 그것은 몸속에 사리를 만들어야 하는 일인지도 모릅니다. 그러나 잠깐 심호흡을 하고 생각을 바꿔 보세요. 우리가 머무는 공간도 매일 청소하지 않으면 먼지가 쌓입니다. 우리 몸도 열흘만 목욕을 하지 않으면 때가 줄줄 나옵니다. 우리가 걷는 거리도 밤새 쏟아낸 쓰레기더미를 치우지 않으면 악취로 넘칩니다. 그런데, 왜 마음을 바꾸는 일에 그리도 인색한지요.

"그게 쉬운가요? 내 입장이 되어 봐요? 웃을 수 있겠나!" 웃고 싶지 않은 상황에서 이런 말을 듣는다면 당신은 또 이렇게 스스로를 변명하기도 하겠지요. 그러나 감정은 내가 선택하고 만드는 것이기에 감정 조절 실패로 인한 사고까지 내가 책임져야 하는 것이 현실입니다. 살기 위해 먹고, 씻고, 일을 하고 사람들을 만나야 한다면, 좋게, 밝게, 유쾌하게 생각하고 말하는 연습을 화장실 가듯 반복해야 합니다.

유쾌함이란 자칫 외부로 오는 것 같지만 내부에서 쉼 없이 조종을 하고 있는 것입니다. 그것을 대뇌변연계(limbic system)에서 담당하는데, 대뇌변연계는 주로 감정(기쁨, 즐거움, 화, 슬픔)을 저장하고 다스리고 식욕 성욕도 여기서 처리됩니다. 대뇌변연계에 저장된 감정의 호르몬은 시상하부에서 뇌하수체로 보냈다가 다시 혈관으로 보내져 빠른 시간에 감정이 보낸 호르몬이 온몸을 지배하게 만듭니다. 이것이 몸과 마음이 하나가 되는 과정입니다.

3층 구조로 되어 있는 뇌는, 뇌간(파충류 뇌), 구피질(포유류 뇌), 신피질(인간 뇌)로 이루어져 있는데, 사람을 변화시키기 위해서는 신피질과 구피질을 뚫고 뇌간이라는 영역에 변화를 주어야 합니다. 무의식적인 창고인 뇌간에 저장되는 것이, 바로 나의 모습이 됩니다. 자신도 모르게 튀어나오는 말과 태도는 지금 형성된 것이 아니라 오랫동안 반복했던 생각과 말이 신피질에서 구피질을 거쳐 뇌간에 저장된 것이 매 상황마다 본능적으로 튀어나오는 것입니다. 따라서 우리가 매일 하는 생각, 무심코 하는 말, 그리고 반복적인 행동이 건설적인 것인지 점검해야 합니다.

아무리 힘들고 화가 나도 눈을 감고 깊은 호흡을 통해 나의 뇌에 있는 행복발전소를 가동시켜야 합니다. 뇌 행복발전소는 긍정과 웃음, 그리고 희망을 먹어야 오랫동안 잘 사용할 수 있습니다.

행복,
그 아름다운 말!

기쁨이라는 스위치가 자주 울려려면 변화의 시작을 지금 여기서 한다고 외치십시오. "그게 아무나 되냐고요?" 반문하는 사람일수록 부정적이고 비도덕적인 것에 몰두합니다. 그러나 행복은 강도가 아니라 빈도입니다. 소소한 일상에서 느끼는 감사와 웃음의 횟수입니다.

사람들의 가슴을 따스하게 만드는 단어, 희망을 주는 수많은 단어들 속에 가장 많이 화두가 되는 말이 있다면 바로 '행복'이란 단어가 아닌가 싶습니다. 사람들이 성공하고자 하는 것, 인생의 목표가 무엇이냐고 묻는다면 망설임 없이 말하는 행복! 그 아름다운 말을 떠올려 봅니다.

소크라테스(Socrates)는 기원전 5세기경 활동한 고대 그리스의 대표적인 철학자로 문답법을 통한 깨달음, 무지에 대한 자각, 덕과 앎의 일치를 중시하였습니다. '윤리학의 선조'라 불리는 그를 두고 칸트는 인간 가운데 가장 현인에 접근하는 유일한 사람이라고 말했습니다. 소크라테스에 있어 행복은 도덕적인 것, 앎을 실행하는 일입니다. 도덕은 앎이며 앎이 없으면 무엇이 올바른지 무엇을 바라고 무엇을 행해야 하는지를 모른다고 했고, 진정한 앎을 얻고 실천하는 것이 행복이라 설파했습니다. 그는 "가능한 좋은 사람이 되려고 최선을 다하고 전보다 좋아지고 있다는 자각이 큰 사람일수록 행복한 생애를 보낼 수 있다."고 했습니다.

사람들은 누구나 행복을 갈망하고 있지만 내면의 행복을 느끼는 사람은 그리 많지 않습니다. 행복은 보이지 않고 잡을 수 없고 객관적으로 판단 내릴 사항이 아니기 때문에 사람에 따라 다르게 바뀐다는 것입니다. 하나를 성취하면 또 하나의 문제가 앞에 놓여 있고 하나를 해결하면 더 복잡한 일들이 튀어나와 한시라도 평화로운 내면을 느낄 수 없도록 만듭니다. 행복은 좋은 감정의 상태이기보다 좋은 감정을 알아차리는 감정조절능력입니다. 소크라테스의 지행합일정신은 되도록 감정을 좋은 쪽으로 돌리고 실천하는 것을 말합니다.

누군가 비난할 때 휩쓸리지 않는 용기, 하던 일이 실패했을 때 포기하지 않는 열정, 가족이나 지인과 뜻하지 않는 이별을 했을 때도 받아들이는 마음, 스스로 무능력하다는 우울감과 자괴감이 들 때도 자신의 내면의 말을 듣고 믿어 주는 긍정심리를 가지고 있다면 행복지수가 훨씬 높을 수 있다는 것입니다. 바다에 파도가 없으면 바다가 아니듯, 하늘에 먹구름이 없는 일이 존재할 수 없듯, 어둠이 없이 아침을 만날 수 없듯, 세상엔 좋은 사람만 있을 수 없듯, 이 모든 것을 알아차리고 받아들일 수 있다면 뇌 행복발전연구소는 늘 가동을 멈추지 않을 겁니다.

기쁨이란 스위치가 자주 울리려면 변화의 시작을 지금 여기서 한다고 외치십시오. "그게 아무나 되냐고요?" 반문하는 사람일수록 부정적이고 비도덕적인 것에 몰두합니다. 그러나 행복은 강도가 아니라 빈도입니다. 소소한 일상에서 느끼는 감사와 웃음의 횟수입니다. 어떤 일이 있어도 바꿀 수 있다 생각하고 바꾸려는 노력을 해야 합니다.

지금부터 좋은 생각을 하십시오. 지금부터 타인의 마음에 공감을 표현하십시오. 지금부터 자신의 즐거운 감정에 온기를 불어 주십시오. 지금부터 부정적인 말을 쓰지 마십시오. 지금부터 해야 할 일을 하나씩 실행하십시오. 하루 3번은 자신과 타인에게 칭찬을 하고, 하루 3분은 크게 웃고, 하루 30분은 운동을 하고, 하루 3시간은 책을 읽고 글을 쓰는 데 시간을 할애하십시오.

우리는 모두 지평선 너머에 있는 장미정원을 그리면서 정작 자기 집 길목에 핀 쑥부쟁이를 거들떠보려 하지 않습니다. 학문(學問)이란 배운 것에 대한 끊임없는 질문입니다. 끊임없이 변화와 성장에 대한 질문을 하고 답을 할 수 있어야 합니다.

나는 좋은 사람인가?
나는 타인을 배려하고 있는가?
나는 성장을 위한 노력을 하고 있나?
나는 행복을 물질의 축적으로 보고 있지 않나?
나는 오늘 할 일을 미루고 있지 않나?

이에 대한 답을 할 수 있으면 그것이 몸에 스며들도록 반복해야 합니다. 기원전 30년 로마의 시인 호레이스의 시(詩)를 함께 들여다볼까요?

　　오늘 행복한 자는 내일을 두려워하지 않는다.
　　행복하리로다. 홀로 있어도….
　　오늘을 내 것이라고 노래하는 사람이여!

마음이 행복한 사람은 다음과 같이 외치리!
내일 최악의 것이 될지라도 그것이 무엇이냐
나는 오늘 성실히 살았노라.

살다 보면 삶의 문이 닫힐 수 있습니다. 내 앞에 절벽이 있을 수 있습니다. 그러나 그 앞에 너무 오래 서 있어서는 안 됩니다. 몸을 돌리면 길이 보입니다. 이제 그 길로 다시 걸어가면 됩니다.

•

행복은
엘리베이터가 아니다
◦

마음을 다스리기 힘들 땐 몸을 쓰십시오. 땀 흘리며, 깊은 호흡을 하며, 눈에 들어오는 자연이나 사랑하는 모습을 내 삶의 배경으로 그려 넣으십시오. 그리고 그곳에서 가장 역동적으로 행동하는 자신을 주인공으로 만들어 주세요. 누구나 자기 안에 빛이 있습니다. 중요한 것은 그 빛을 꺼지지 않게 하는 일입니다.

아이러니하게도 행복은 몸을 편안하게 할수록 숨어 버립니다. 내 몸이 편할수록 집 안은 지저분해집니다. 내 몸이 편안할수록 살이 찝니다. 내 몸이 편할수록 생각이 비대해집니다. 내 몸이 편할수록 누군가는 힘들어집니다. 무엇보다 몸을 쓰는 것을 싫어하면 주변의 눈치를 살피게 됩니다. 이러한 행동은 자존감까지 낮게 만든다는 것입니다. 나태함과 우울함, 안락함과 욕심은 생각만큼 행동하지 않는 몸에 있습니다.

수많은 이들은 인생의 목표를 행복이라 말합니다. 좋은 직장에 들어가려는 것도, 돈을 많이 벌고 싶은 것도, 건강을 챙기는 일도, 결혼을 하는 것도 말이지요. 그렇게 모두가 갈망하는 행복은 엘리베이터나 에스컬레이터를 타는 것이 아니라 계단을 걸어가는 데 있습니다. 몸을 쓰는 것을 싫어하고 요행을 찾게 되면 생각 과다로 인해 머리만 커질 뿐입니다. 비대해진 머리는 걱정과 불평과 불안과 손을 잡고 다니면서 몸을 무시하고 깔봅니다. "왜 그렇게 고생을 사서 하지? 머리만 잘 굴리면 되는데… 쯧쯧!"

소박함을 배우면 인생이 즐겁고 인내를 배우면 세상이 밝게 보이는 법입니다. 땀 흘리는 삶을 사랑하면 사기를 치는 일이나 절도나 강도 살인까지 막을 수 있습니다. 범죄의 원인은 공짜를 바라는 심보 때문입니다. 행복은 문제가 없는 삶이 아니라 문제를 받아들이고 책임지는 데 있습니다. 그래서 행복은 목적지에 있는 것이 아니라 그 길을 가는 곳곳에 있습니다. 일 속에서, 사람 속에서, 자연 속에서 소소한 감사 속에서 의미와 가치를 찾는 데 있습니다.

소아시아 노예 출신이었던 철학자 에픽테토스(Epictetus)는 노예에서 해방된 후 스토아학파의 대표 주자로, '안으로는 자유를, 밖으로는 불굴의 저항', 즉 자유와 노예를 자신의 논의 주제로 삼았습니다. 그가 말하는 자유란 인간이면 누구나 누릴 수 있는 정신적 자유를 말하며, 노예란 자기 자신이 스스로에게 부여해서 만들어진 정신적 부자유를 말합니다. 그는 내 힘으로 어떻게 할 수 없는 것들과 내 힘으로 어떻게 할 수 있는 것들을 철저히 구분하는 지혜를 강조하면서 "행복하려면 육체의 종양이나 병원체를 제거하기보다 마음속 나쁜 생각을 물리치도록 힘써라!"라는 말로써 나쁜 생각이야말로 스스로 자초한 노예가 되는 것이라 말합니다.

나쁜 생각을 물리치는 일은 단지 "나쁜 생각을 하지 말아야지!"라는 것으로 되는 것이 아니라, 좋은 생각과 행동에 집중하는 시간을 더 늘려야 가능해집니다. 나이가 들수록 자꾸만 몸을 쓰는 일에 인색해집니다. 생각이 많아지고 두려움도 늘어납니다. 두려움이 늘어날수록 마음 그릇에도 고통이란 불순물이 담기게 마련입니다. 불안과 두려움의 실체는 몸을 떠난 가상현실에 있습니다. 몸을 쓰는 일에 인색하면 감정을 바꾸기가 쉽지 않습니다. 계단을 걸으면 몸은 힘들겠지만 뼈마디엔 근육이 생깁니다. 걷는 동안은 마음의 불평으로부터 잠시 벗어날 수 있습니다.

마음을 다스리기 힘들 땐 몸을 쓰십시오. 멍 때리기도 하고, 깊은 호흡을 하며, 산책을 하십시오. 눈에 들어오는 자연의 풍경이나 사랑하는 모습을 내 삶의 배경으로 그려 넣으십시오. 그리고 그곳에서 가장 역동적으로 행동하는 자신을 주인공으로 만들어 주세요. 누구나 자기 안에 빛이 있습니다. 중요한 것은 그 빛을 꺼지지 않게 하는 일입니다.

두려움으로부터의
자유
。

회색빛 하늘과 낡은 건물들이 어우러진 모습이 빈센트 반 고흐
의 풍경화처럼 보였던 2017년 1월 어느 날 서소문거리, 카페에
서 만난 그녀의 모습은 갈래머리 소녀처럼 해맑았습니다. 그녀
와 1시간가량을 이야기하면서 그 속에 뿜어져 나오는 에너지와
열정은 30년을 거슬러 올라 시간이 멈춘 듯했습니다.

78세 황안나 할머니, 도보 여행가이고 강사면서 작가입니다. 이
모두가 65세 이후에 스스로 만들어 낸 두 번째 직업입니다. 교
사를 그만두고 산악회 활동을 시작하면서 몸 근육을 만들고 65
세 되던 해에 국토종주 도보 걷기를 시작했습니다. 그렇게 시작
한 것이 국토종주길 완주, 해안도로 완주, 사대 강 전 구간을 혼
자 걸어서 정복했고 그 후 바티칸, 산티아고, 몽골 등 세계 각지

를 혼자 걸었다고 합니다. 그녀와 만나 인터뷰하면서 느낀 것은 두려움으로부터 자유를 즐기고 있다는 것입니다.

그녀를 만난 후부터 "그래, 나는 자전거로 우리나라 전역을 돌자!" 그렇게 마음먹고 인터넷서핑을 통해 자전거 국토종주에 대한 정보를 알아 나갔습니다. 그런데 그때부터 두려움이 생기기 시작합니다. 타인의 힘든 도전에는 참 멋지다, 대단하다는 감탄을 아낌없이 보냈지만 막상 내 자신의 일로 생각하려니 곳곳에 도사리고 있는 위험요소가 자꾸만 몸을 주춤거리게 만드는 것이었습니다.

"달리다가 자전거가 고장 나면 어쩌지, 바퀴가 펑크 나면 어떻게 하고, 어두워지면 어쩌지, 이상한 놈들이 다가오면 어떡하지?" 이런저런 생각 과다는 어떤 일을 하고자 할 때 이로운 쪽보다는 해로운 쪽으로 흘러가는 것입니다. 그래서 단순해지기로 마음먹고 '무조건 가자. 달리다 자전거가 고장 나면 버리고, 펑크가 나면 누군가에게 부탁하고, 힘들면 쉬었다 달리고, 어둡기 전에 숙소를 찾으면 되고.' 이렇게 생각하니 한결 홀가분해졌습니다.

38만 원짜리 자전거를 구입하고 헬멧과 고글, 장갑과 랜턴, 그리고 예비용 튜브를 구입했습니다. 만나는 사람마다 종주를 하겠다는 말을 전하면서 실천 의지를 불태우고 있을 때, 방해꾼이 하나둘 생깁니다. 값싼 자전거로 국토종주는 무리라고 이야기합니다. 혼자 가는 것은 위험하다고 합니다. 30도에 달리다가 열사병이 걸릴 수 있다고도 합니다.

더 이상 주변의 이야기를 듣지 말자고 스스로에게 선언하고 2017년 8월 2일, 30도를 웃도는 더위에 인천 아라 뱃길을 출발했습니다. 가는 곳마다 스탬프를 찍어 가며 팔당을 지나 이천, 여주, 강천, 비내섬을 지나 충주댐까지 3박 4일에 걸쳐 도착했습니다. 그곳까지 213㎞를 달렸네요. 나머지 수안보에서 낙동강하굿둑까지 가면 국토종주 완주인데, 에너지도 고갈되고 시간도 빠듯해서 봄날을 기약하고 자전거 종주 라이딩을 마쳤습니다. 특히 비내섬에서 충주로 가는 길은 나무 한 그루 없는 긴 길이 많아 쏟아지는 땡볕에 숨이 막힐 정도였습니다. 달리다가 쉬다 반복하면서 쉼터에서 숨을 고르고 있으니 남자 세 사람이 땀을 뻘뻘 흘리고 옵니다.

"으아, 혼자 오셨어요? 우리는 열사병으로 죽을까 봐 같이 다니는데."
"이 삼복더위에 누가 달리려고 하겠어요. 누군가를 의지하면 내

계획대로 할 수가 없어요."

종주를 시작하기 전에 그렇게도 두려웠던 일이 자유를 위한 성취감으로 느껴집니다. 두려움이란 과거의 고통스러운 경험이나 사건, 불확실하고 불투명한 미래에서 옵니다. 그러나 과거의 고통스런 경험보다 예측을 할 수 없는 것에 대한 두려움은 공포감까지 불러옵니다. 두려움은 지식 정보 부족과 경험 부족으로 오는 공포, 외포입니다. 결국 두려움으로부터 자유를 찾는 길은 당당하게 맞서는 일입니다.

영국의 철학자이자 사상가인 버트런드 러셀은 "지혜로워지는 첫걸음은 두려움을 정복하는 것이다. 다시 말하면 두려움을 이기려면 지혜로워져야 한다는 것이다."라고 말했습니다. 지혜로워지는 길, 그것이 무지로부터의 해방이고 해 보지 못한 일에 대한 도전입니다.

사람들은 50대 후반의 나이에 마라톤 10㎞를 두 번 뛰고 국토종주 자전거 라이딩을 혼자 했다고 하니, 이구동성으로 대단하다고 말합니다. 나도 그렇게 생각했는데 그 생각이 강촌 섬 게스트하우스에 묵었을 때 무참히 깨졌습니다. 한밤에 도착한 50대 중반의 깡마른 여자, 그녀와 이런저런 이야기를 하다가 올해 마라톤 10㎞를 두 번 뛰었다고 하니 그녀는 피식거리며 웃는 것입니다.

"마라톤 풀코스 뛰셨어요?"
"그것보다 더한 것, 난 100㎞ 울트라 마라톤을 했어요."
"울트라 마라톤이라고요?"
그 말을 듣는 순간 나의 도전은 아주 미약한 것이었다고 생각이 들었습니다. 다음날 같이 나머지 구간을 달리기로 했지만 그녀와 함께 달리는 것은 나에게 고통일 것 같아 혼자 가기로 했습니다. 그녀의 체력을 도저히 따라 할 수 없었던 것입니다. 하프코스도 못 뛰었던 내가 100㎞를 달린 사람과 어떻게 같이 뛸 수 있겠습니까?

그러나 그녀를 통해 느낀 것은 인간의 도전은 무한하다는 것, 할 수 없다고 하는 생각만이 도전의 길을 가로막는 것일 뿐이라는 것입니다. 언젠가 세계를 자전거로 종주하는 꿈을 꾸면서….

말에서
흐르는 향기

심장에서 잘 익어 나온 말은 바쁘게 걷는 이들의 길가에 핀 별꽃이 되기도 하고 어느 집 담벼락에 흐르는 눈물을 닦아 주는 한 첩의 보약이 되기도 합니다. 천국과 지옥이 헝구지 않는 말로 바뀌는 세상에 하루 동안 솟아낸 감정들이 제 길을 가도록 어두운 골목 가로등이 솟아내는 빛으로 다가오는 따뜻한 말 한마디.

"엄마, 잡채에 희망을 넣었네!"
"희망만 넣었겠니? 사랑과 정성도 듬뿍 넣었지."

잡채를 먹던 딸아이의 말에서 '누가 작가가 아니랄까 봐 말을 참 예쁘게 한다.' 생각을 했습니다. 딸아이는 웹툰 작가로 활동하고 있거든요. 그런데 내 말을 듣던 딸의 눈빛은 그런 뜻이 아니었습니다.

"엄마, 왜 그래? 피망 넣었냐고!"
"으응, 피망이었어? 히히."

딸의 말에 '피망'이 '희망'으로 들릴 수 있는 것을 알았습니다. 그렇게 생각해 보니 '빗'이 '빛'으로도 들리고 '포로'가 '프로'로도 들립니다. '흐림'이 '흐름'으로 들릴 수도 있고 '지양'이 '지향'으로 들리기도 합니다. 그런데 이런 언어들은 한 끗 차이지만 그 뜻이 극명하게 다르다는 것입니다. 어쩌면 우리 삶의 속성도 이들과 같지 않은지요. 상반되는 것들은 멀리 있는 것 같지만 붙어 있다는 것입니다. 겨울 끝에 봄이 오고 어둠 끝에 새벽이 오듯, 불평을 내려놓으면 감사할 일만 생기게 됩니다.

그래서 사건보다 중요한 것은 사건에 대한 인식입니다. 똑같은 상황을 보고도 어떻게 표현하느냐에 따라 삶의 방향이 바뀔 수 있기 때문이지요. 피망을 희망으로 생각하듯 말입니다. 미국 심리학자이자 동기부여 전문가인 쉐드 햄스테더 박사에 따르면, 인간은 하루에 5~6만 가지 생각을 하는데 이 중 3~4만 가지 생각은 자기도 모르게 부정적으로 흐른다고 합니다. 이렇게 흐르는 생각이 자기 것으로 되는 중요한 순간이 바로 언어입니다.

금방 지은 밥을 두 개의 유리병에 똑같은 양으로 담았습니다. 한 개의 유리병에는 '사랑해'라고 쓰고 또 한 개의 유리병에는 '짜증나'라고 써 놓고 시간 날 때마다 뚜껑을 열고 글에 맞는 말을 들려주었습니다. '사랑해'라는 병엔 '사랑해, 잘 지냈어? 네가 있어 행복해.'라고 자주 들려주었고 '짜증나'라는 병엔 '미워, 꺼져 버려, 지겨워 죽겠어.'라고 반복해서 들려주었습니다.

이렇게 시작한 지 4일부터 변화가 보였습니다. 좋은 말을 들려준 밥은 약간 아이보리빛으로 변했고, 나쁜 말을 들려준 밥은 주홍빛으로 변하더니 보름 후에는 그 변화가 심했습니다. '짜증나'라고 쓴 병은 시꺼먼 곰팡이로 가득했고 '사랑해'라고 쓴 병은 연분홍빛과 노란빛이 군데군데 생겼을 뿐입니다. 사람의 감정과 언어를 밥도 느끼고 있었던 것입니다.

세네카는 "인생은 짧은 이야기와 같다. 중요한 것은 그 길이가 아니라 가치다."라고 했습니다. 생각을 어떻게 아름답게 가꿀 수 있을까요? 그것은 바로 우리가 하는 말로써 가능해집니다. 생각과 감정은 언어라는 도구를 통해 그 사람의 인격과 태도 그리고 사상을 알 수 있게 만듭니다. 그래서 말은 그 사람의 내면의 세계를 알 수 있는 엑스레이와 같은 것입니다. 모습이 아무리 고와도 그가 내 뱉는 말이 정제되지 않고 거칠고 무식하다면 고운 모습은 화장발이거나 성형, 혹은 유전인자가 좋아 생긴 것 외에는 타인에게 아무런 의미를 주지 못합니다. 인간은 자기가 표현하는 언어로 세상을 봅니다.

말 속에는 그 사람이 살아온 스토리와 삶의 단면을 볼 수 있습니다. 우리 속담에 "관 속에 들어가도 막말은 말라."는 말이 있습니다. 죽는 순간까지도 말을 가려서 하라는 것입니다. 하물며 살 날이 많은 이들이 부정적이고 악의적인 말로 자신은 물론 타인의 삶까지 어둡게 만든다면 얼마나 어리석은 일입니까? 말 한마디가 사람을 살리기도 죽이기도 합니다. 말에 입은 상처는 칼에 입은 상처보다 깊다고 합니다.

심장에서 잘 익어 나온 말은 바쁘게 걷는 이들의 길가에 핀 별꽃이 되기도 하고 어느 집 담벼락에 흐르는 눈물을 닦아주는 한 첩의 보약이 되기도 합니다. 천국과 지옥이 헹구지 않는 말로 바뀌는 세상에 하루 동안 쏟아낸 감정들이 제 길을 가도록 어두운 골목 가로등이 쏟아내는 빛으로 나가오는 것이 따뜻한 말 한마디가 아닐까요?

언어의
기술

．

。

사람이라는 받침에서 미음의 모난 부분을 잘 깎으면 사랑이 되고 미움이라는 글자에 점 하나를 바꾸면 마음이 되고 신물에 점 하나를 붙이면 선물이 되는 신비한 언어의 한 끗이 주는 위력을 보면 우리가 대화에서 순간순간 무엇을 선택하고 빼뺄지를 생각하고 말해야 합니다.

"선생님은 못하는 것이 뭐예요?"
"하하하!"

카페에서 후배가 들려준 말에 그저 웃음이 나왔습니다. 그렇게 같은 일을 하는 강사들과 만나면 칭찬과 유머로 웃음이 끊이지 않습니다. 어쩌면 그녀가 '선생님은 잘하는 것이 뭐예요?'라고 물었다면 웃음이 나왔을까요?

말을 하는 이의 속내는 어떨지 모르겠지만 칭찬은 분위기를 따뜻하게 만들고 듣는 이의 기분을 좋게 만들어 줍니다. 혹 그것이 아부라고 생각된다고 해도 굳이 "저의(底意)가 무엇인데?"라고 묻지는 않지요. 그러나 충고나 싫은 이야기를 들으면 상대의 저의가 궁금해집니다. 특히 중년 여자에게 자기 나이보다 5살 적게 볼 때는 저의가 궁금하지 않지만 5살이나 많이 볼 때는 꼭 물어보게 되지요.

"어머 내가, 그렇게 많아 보여요? 큰일이네, 보톡스라도 맞아야 하나…."
"아닙니다. 죄송해요."

친정어머니가 74세쯤 되셨을 때, 은행을 가셨다가 씩씩거리고 오셨습니다. 무엇에 화가 났는지 표정이 어두웠습니다.

"엄마 왜 그래요. 무슨 일이 있었어요?"
"은행에 갔는데 그 은행원 년이 내 나이를 팔순으로 보는 거야. 참내! 네가 봐도 엄마가 그렇게 늙어 보이냐?
"그 여자 사팔뜨기구먼, 아무리 봐도 엄마는 65세로밖에 보이지

○ 마음 정원 ○

않아요."
"딸로서 말고 객관적으로 정말 그렇게 보이냐?"
"그럼요. 객관적으로!"

어머니의 상한 마음을 아는 딸이 어떻게 객관적으로 사실적으로
말할 수 있겠습니까? 10살이나 적게 말하는 나를 보고 어머니의
분홍빛 미소가 봄 햇살처럼 반짝였습니다. 보다 더 젊게 더 예
쁘게 보이고 싶은 여자들의 마음은 나이와 상관이 없습니다. 비
즈니스나 회의석상에서 시시비비를 가리는 일이 아니라면 들어
서 득이 되고 기분 좋은 이야기를 선택해야 합니다. 얼굴이 고
약하게 생겼든, 옷이 허름하든, 직업이 무엇이든, 배움이 짧든,
장애가 있든, 쪽방에 살든 그 어떤 사람도 자신의 존재가 귀하
다는 것을 인정받고 싶어 합니다.

눈으로 보이는 아름다움보다 보이지 않는 아름다움을 찾을 수
있다면 아무리 흉하게 생겼어도 그 사람의 영혼의 아름답게 볼
수 있지 않을까요? 사람이란 받침에서 미음의 모난 부분을 잘
깎으면 사랑이 되고, 미움이란 글자에 점 하나를 바꾸면 마음이
되고, '임마!'라는 욕에 점 하나를 붙이면 엄마가 되는 언어의 위
력! 한 끗이 주는 변화를 보면, 우리가 대화에서 순간순간 무엇
을 선택하고 무엇을 뺄지를 생각하고 말해야 합니다. 돌을 깎아

보석을 만들고 흙을 빚어 도자기를 만들듯 언어도 깎고 빚어 가면서 상대에게 희망과 용기를 주는 언어로 표현해야 합니다.

미움을 용서의 마음으로 바꾸고
신물을 사랑이란 선물로 바꾸고
빚을 찬란한 빛으로 생각하면서….

마음의 날씨는
예보가 없다

당신의 마음 날씨!

맑은가요. 쾌청한가요. 흐린가요. 어두운가요?

아침까지는 쾌청했는데 상사의 폭언 때문에 먹구름으로 바뀌기
도 하고, 조금 전까지는 흐렸는데 좋은 친구를 만나 웃다 보니
쾌청하게 바뀌기도 하고, 밖에서 즐거운 시간을 보내고 왔는데
남편이나 아내의 잔소리로 또다시 흐림으로 바뀌기도 하고, 몇
날 며칠 지금까지도 호우경보(heavy rain warning, 豪雨警報)를 울
리며 보내는 분도 계실 것입니다. 그만큼 마음은 갈대보다 샛바
람보다 더 심하게 변덕을 부리기 때문에 예측할 수 없습니다.

"도대체 나는 되는 일이 없어!"

"왜 나를 잡아먹지 못해 안달이지?"

"내가 못나서 그럴까? 운이 없어서 그럴까?"

자신을 비하하는 말은 부정적인 알갱이가 되어 몸의 체온까지 차갑게 만들어 버립니다. 사람의 정상체온은 36.5도 ~ 37도를 말합니다. 그런데 체온이 1도씩 내려가면 면역세포가 30% 정도 망가지기 시작합니다. 저체온증은 체온이 35도 이하로 떨어질 때를 말하며, 이때부터 팔다리가 심하게 떨리고 피부에 닭살이 돋고 창백해집니다. 35도가 되면 암세포가 증식하기 시작하고 30도가 되면 의식불명의 상태가 되어 27도가 되면 죽은 사람의 체온이 된다고 합니다.

미국 아인슈타인의대 아르투로 카사데발 교수는 체온에 따라 사람이 사용하는 에너지와, 체온의 증가에 따라 세균이 줄어드는 비율을 이용해 방정식을 풀었습니다. 최적 온도가 35.9도에서 37.7도 사이로 나타났습니다. 카사데발 교수는 "방정식에 따르면 최적 온도는 36.7도였다."며 "이는 사람의 체온과 비슷하다."고 했습니다.

그렇다면 마음의 온도는 어떨까요? 기분이 나쁠 때 나오는 부정적 생각과 말은 우리 몸의 면역세포를 30% 정도 떨어지게 합니다. 그때부터 가시거리가 짧아지면서 신호위반을 하거나 접촉 사고를 낼 수도 있고, 등산을 하다가 자칫 실족 사고를 낼 수도 있습니다. 누군가의 작은 실수에도 화를 쉽게 내고 타인과 대화의 물길이 역류하기도 합니다.

마음의 날씨가 어둡고 흐리고 바람 부는 날이 계속되면 마음에게 어떻게 하고 계시나요? 이럴 때 할 수 있는 가장 쉬운 것이 두 가지입니다. 바로 명상과 웃음입니다. 혹 누군가는 "웃는 것이나 명상은 마음이 평온할 때 하는 것이지 어떻게 마음이 힘든 때 그게 되나요?"라고 반문하기도 합니다.

미국 하버드대 로버트 엡스타인(Robert Epstein) 박사는 사랑하지 않는 사람들을 두 그룹으로 나뉘어서 사랑하는 척, 좋아하는 척 연기를 하는 실험을 했습니다. 실험 결과는 사랑하는 척 연기를 한 그룹이 그렇지 않은 그룹보다 훨씬 더 친밀감이 생기고 또 어떤 사람은 실제 사귀는 계기가 되었다고 합니다. 이 대표적인 사례가 영화 〈미스터 & 미세스 스미스〉에 부부로 출연했던 세계적인 배우 안젤리나 졸리와 브래드 피트입니다.

우리나라 대표적인 잉꼬배우 부부인 차인표·신애라 역시 〈사랑을 그대 품안에〉라는 드라마에 연인으로 나오면서 결혼하게 되었죠. 이들뿐만 아니라 극중에서 연인의 배역이 실제 연인으로 발전해 결혼까지 하게 된 경우도 많습니다. 이를 두고 로버트 엡스타인은 'As if 법칙'이라고 합니다. '~ 하는 척하다 보면 실제로 그렇게 될 수 있다'는 것입니다.

사람들은 긍정적 감정보다 부정적 감정을 더 자주 더 크게 자신에게 반영시키기 때문에 실제로 일이 풀리지 않게 마련입니다. 외부의 상황에 일어나는 수많은 사건들에 피동적으로 따라가다 보면 마음의 온도가 떨어지게 되고 마음의 온도는 곧 몸의 온도까지 떨어트려 면역기능을 상실하게 만듭니다. 우리 마음의 온도를 쾌청하게 만들려면 스스로 온도를 조절하는 자기제어장치를 작동시켜야 합니다. 이를 통해 '결핍회복능력', 또는 '회복탄력성'을 키우게 되는 것입니다.

인생이란 무대에 주인공은 부와 권력과 학벌이 높은 사람이 아니라 회복탄력성이 높은 사람이 차지하게 됩니다. 회복탄력성은 어떤 일의 결과에 반응하는 근력이 아니라 매 순간 긍정으로 조절하는 근력입니다. 그러기 위해서는 힘들어도 잘 풀리고 있다는 연기를 해야 합니다. 마음이 답답하거나 일이 풀리지 않을 때 잠깐이라도 눈을 감아 보는 시간을 가져 보면 어떨까요?

지금 눈을 한번 감아 보실까요?

호흡을 깊게 들이마시고 멈췄다가 내쉽니다.

어깨의 긴장을 푸시고

가슴의 긴장과 복부의 긴장도 푸십니다.

오늘 나의 새로운 삶이 시작됩니다.

나는 지금 시작합니다.

많은 좋은 일들이 지금 나에게 펼쳐집니다.

나는 살아 있음에 감사합니다.

나는 나를 둘러싼 모든 것들에게 아름다움을 느낍니다.

나는 열정과 목표를 갖고 살아갑니다.

나는 매일 웃고 즐깁니다.

나는 깨어 있고 에너지가 넘칩니다.

그리고 그것에 감사합니다.

나는 사랑, 기쁨, 풍요를 느낍니다.

나는 나로부터 자유롭습니다.

깨어 있는 이 시간이 행복합니다.

이렇게 긍정확언명상으로 마음을 평화롭게 한 다음, 눈을 뜨고 가슴을 도닥거려 주세요. 몸의 온도가 떨어질 때마다 눈을 감고 내 안의 나와 만나는 시간을 가지세요. 그리고 웃음으로 화답해 주세요. 세상은 여러분에게 손을 내밀지 않습니다. 여러분이 먼저 손을 내미셔야 합니다.

웃음은 몸의 떨림만이 아닙니다. 머리끝에서 발끝까지 절망의 피를 희망의 피로 바꾸는 우주의 에너지입니다. 웃음은 유쾌한 소리만이 아닙니다. 마음의 바다에 파도와 갈매기가 앙상블이 되어 연주하는 클래식입니다. 웃음은 감정의 표현만이 아닙니다. 생각이란 뜨락에 세 잎 클로버와 파랑새가 손을 잡고 행복을 빚어낸 풍경화입니다. 웃음은 좋은 모습만이 아닙니다. 영혼의 텃밭에 긍정과 온정의 씨를 뿌려 얻게 되는 삶의 뭉클한 환희입니다.

그래, 그래도
사랑뿐이다

길이 촉촉하다 길에서 고운 향기가 난다. 누가 뿌린 눈물일까. 누가 놓고 간 손 편지일까 못다 했던 고백, 청춘을 뜨겁게 지피고도 사랑의 묘혈을 파야 했던 아픔이 꽃길에 피어난 것일까. 그리움도 상처도 잘 익으면 길이 되고, 꽃이 되고, 바람이 되고가 되는구나. 그래, 사랑뿐이다, 우리는 사랑을 해야 한다. 사는 날까지….

마음에 꽃피우고 싶은 사랑과 떠올리고 싶지 않은 증오는 머나먼 거리가 아니라 이웃집처럼 붙어 있는 거리입니다. 아픔과 상처 그리고 증오의 과거에는 '사랑했기에'라는 이유가 항상 따라다닙니다. '님 이란 글자에 점 하나 찍으면 남이 된다.'는 위장이 혼처럼 사랑과 증오는 동전의 양면처럼 붙어 있는 것입니다. 사람들에게 스트레스를 주는 것도 사람이고, 사람에게 희망을 주는 것도 사람입니다.

한 설문 조사 결과에 따르면 '명절에 가족이나 친지와 다툰 경험'에 대한 질문에 응답자 34.5%가 '있다'고 답했습니다. 다툰 원인으로는 '쓸데없이 참견하거나 잔소리해서'(54.3%·복수응답)가 1위를 차지했습니다. 그 뒤로 '피로가 쌓여 예민해져서'(23.8%), '집안일 분담 등이 불공평해서'(23.8%), '편애·차별 등을 당해서'(17.3%), '모욕적인 언사를 들어서'(15.9%) 등의 의견이 이어졌습니다. 이 같은 다툼으로 관계가 틀어진 가족이나 친지가 있다는 응답자는 52.4%에 달했습니다. 이처럼 가장 사랑하고 아껴야 할 가족들이 가장 상처를 많이 주는 주범이라는 것입니다.

왜 가장 가까운 가족들이 이렇게도 상처를 주는 것일까요? 어쩌면 가족이라는 관계는 함부로 대해도 깨지지 않는다는 착각에 있지 않을까요. 사회적 관계에서 만난 사람이나 동료에겐 잔소리나 간섭을 하지 않습니다. 그들에게 무례하거나 간섭을 하게 되면 관계가 끝날 수 있다는 것을 알기 때문입니다. 그러나 남편과 아내, 부모와 자식, 형제자매라는 혈연만을 믿고 "다 너를 사랑하기 때문이라고!" 이렇게 사랑을 남용하면서 적당한 거리 두기를 하지 못하기 때문입니다.

사랑이 지나치면 집착이 되고 집착이 심하면 증오로 바뀔 수 있습니다. 이 사랑과 증오가 사실상 동일한 감정이라는 것이 뇌 과학 영역에서 증명되었습니다. 영국 런던대학 뇌 과학자인 세미르 제키 교수 팀은 남녀 17명을 대상으로 사랑하는 사람과 미워하는 사람의 사진을 각각 보여 주면서 뇌 활동의 변화를 뇌 스캔 촬영사진으로 조사했습니다.

제키 교수는 이 실험을 통해 증오하는 사람의 사진을 볼 때나 사랑하는 사람의 사진을 볼 때나 피각, 섬엽이 모두 활성화된다는 것을 알아냈습니다. 이 두 부위는 모두 뇌의 생각하는 작용 지대인 대뇌피질 뒤에 위치합니다. 피각은 경멸·혐오의 감정, 그리고 행동을 취하는 작동 시스템과 관련이 있고, 섬엽 부위는 뇌의 고통 반응과 관련됩니다. 사랑하는 사람이나 증오하는 사람이나 모두 '고통스런' 신호를 뇌에 전달시키기는 마찬가지라고 합니다.

사랑한 사진을 본 사람은 도파민의 생성 핵인 복측피개야(사랑을 하면 남녀 모두 활발해지는 부위)가 활성화되는 반면, 비판과 판단을 하는 부위인 편도체와 두정측두결합부의 활동은 억제되었다고 합니다. 그래서 사랑을 하게 되면 비판이나 판단보다 상대방의 좋은 점만 보여 수용하고 순종하게 되는 것입니다. 그러나 미워하는 사진을 본 사람은 '증오 회로'라 부르는 뇌 부분이 활성화되었습니다. 증오 회로가 활성화되면 공격적 행동이 유발되고, 성난 감정을 행동으로 옮기기 위한 작동이 시작됩니다.

"어떻게 네가 그럴 수 있어?"
"사랑한다면서 그렇게도 내 마음을 몰라?"
"조금만 맞춰 주면 되는데, 그게 그렇게 안 돼?"

사랑한다는 이유로 상대에게 끊임없이 나의 생활방식과 사고 그리고 종교와 취미생활까지 맞추라고 요구합니다. 가족 간의 불화의 원인 54.3% 절반이 넘는 이유가 쓸데없는 참견이나 잔소리가 원인이라고 합니다. 사람들의 착각은 잔소리와 참견을 사랑으로 생각하는 데 있습니다. 사랑의 본질은 상대가 싫어하는 것을 하지 않는 것입니다. 그럼에도 싫어하는 것을 사랑이라고 하면서 지속할 때, 그때부터 미움과 분노의 불씨가 커지는 것입니다. 그리고 서서히 서로의 마음을 까맣게 태워 버리게 됩니다.

제품을 살 때면 '사용설명서'가 들어 있습니다. 고장 없이 오래 사용하기 위한 지침서인데요. 부부지간이나 연인지간에도 '사랑 사용설명서'를 만들어야 할 것 같습니다. '1. 다름을 인정할 것, 2. 각자의 과제에 간섭하지 말 것, 3. 나 메시지로 말을 할 것, 4.

지나간 이야기는 꺼내지 말 것, 5. 화가 나면 자리를 피할 것, 6. 이별을 원하면 깔끔하게 보내 줄 것' 이런 내용 또한 서로의 합의에 의해서 작성해 놓는다면 서로의 감정을 조절하는 데 도움이 될 것입니다.

사랑은 소유가 아닙니다. 사랑은 무조건 주는 것도 아닙니다. 주기만 하고 돌아오지 않으면 외로움이 되고 불신이 됩니다. 인간관계에서 황금률은 '내가 받고 싶은 것을 먼저 해 주고 내가 받기 싫은 것은 남에게 하지 않는 것'입니다. 그러나 사랑의 황금률은 '상대가 원하는 것을 해 주고 상대가 싫어하는 것은 하지 않는 것'입니다.

사람의 부재로 생긴 외로움은 사람이 달래 줄 수 있듯이 사랑의 상실로 생긴 상처는 사랑으로 치유할 수밖에 없습니다. 사랑이 변하는 것이 아닙니다. 사람이 변하는 것입니다. 사람이 꽃처럼 향기롭고 나무처럼 싱그러운 것은 사랑이 존재할 때입니다. 사람이 나를 버리고 떠났다 해도 사랑은 버리지 말아야 할 이유입니다. '사랑이 떠난 자리에도 사랑으로 남는 사람이 있다'는 정호승 시인의 시구가 가슴에 흐르는 밤입니다.

•
처음처럼
산다는 것
。

처음을 세게 '발음하면 청음으로 들리고 청음을 빨리 발음하면 청
으로 들리기도 합니다. 아침에 듣는 오카리나의 청아한 소리처럼
처음이란 말은 그렇게 신비하고 뭉클하게 하게 피어납니다. 생물
과 무생물, 사람과 자연의 모습, 하늘과 공기와 바람, 그리고 당신
과 나의 하루도 한 번도 본 적이 없는 처음입니다.

첫눈, 첫사랑, 첫 단추, 첫 키스, 첫 직장, 첫인상, 첫 여행, 첫
번째, 첫 만남…. 영어로는 'first, new, maiden'으로 쓰는데 그중
에 메이든(maiden)이란 처녀, 아가씨, 초보자를 뜻합니다. 순수
하고 깨끗하다는 의미에서 '처녀작, 처녀출전, 처녀비행, 처녀
항해'라고 합니다. 그리스어로는 'arche(아르케)'라 하며 시작, 시
초, 기원을 의미하며 아폴로니아의 디오게네스는 사물을 아는

'원리'라는 뜻으로 사용했습니다. 데모크리토스는 '원인'이라는 뜻으로 사용하였고 아리스토텔레스는 이 두 가지 개념을 종합하여, 철학은 '원리·원인(아르케)의 학문'이라고 하였습니다.

눈이 내린 숲, 순백으로 펼쳐진 눈밭에 첫발자국을 찍다 보면 가슴에서도 눈꽃이 피어납니다. 첫 키스를 할 때의 숨 막히는 짜릿함, 첫 직장을 출근할 때의 뿌듯함, 새해 첫날에 보는 일출의 장엄함과 신비로움, 첫 임신, 그리고 첫 출산…. 이렇게 처음은 늘 신선하고 애틋한 감정으로 오감을 알싸하게 합니다. 그렇게 설렘을 주고 신선함을 주었던 처음의 감정도 시간이 지나면서 모습과 기대가 탈색되어 버립니다.

"처음엔 안 그랬는데, 처음 약속하고 다르잖아.
처음처럼 해 봐!"
"처음하고 끝이 같아야지, 첫 단추를 잘못 끼웠어!"
"처음부터 글렀네! 처음부터 만나지 말라고 했지!"
"처음부터 싹수가 노랗다니까, 처음이 좋아야 끝이 좋지."

이렇게 처음의 속내는 첫 번째, 맨 처음과 시작을 넘어 정직과 깨끗함, 열정과 기대감, 신선함과 원리까지 내포하고 있습니다. 중요한 것은 처음은 시간의 흐름에 따라 변하거나 바뀌기 때문에 그대로의 모습을 유지할 수 없다는 것입니다. "처음처럼 해야지.", "처음과 다르네.", "처음하고 맨날 똑같냐?"라는 말 속에는 처음 그대로의 모습을 원하면서도 더 나은 변화를 내포하고 있는 것입니다. 시작할 때의 모습 그대로라면 성장이 없다고 할 것이고, 시작할 때의 모습과 다르다면 순수함이나 열정이 탈색되었다고 말할 수 있기 때문입니다.

변할 것 같지 않는 바위도 파도의 물살에 조금씩 떨어져 나가고 기후의 변화에 따라 북극의 얼음도 조금씩 녹고 있고 강철도 시간이 지나면 녹슬고 얇아지기도 합니다. 나무는 늘 그 자리에 있지만 몸은 늙어 가고 있습니다. 그럼에도 해마다 봄이면 잎과 꽃을 다시 피우고 가을이면 열매를 맺고 겨울이면 불필요한 것을 버리는 일을 반복하기에 수백 년에서 수천 년을 살면서 세상을 푸르게 물들이고 있는 것이겠지요.

사람이 처음의 모습으로 살려면 이런 자연의 일정한 규칙을 배워야 합니다. 해마다 봄이면 앙상한 나뭇가지에서 싹이 나고 꽃을 피우는 것처럼 말입니다. 꽃피울 때 피우고 버릴 때 버리고 혹한을 견딜 줄 아는…. 이 때문에 처음처럼 산다는 것은 끊임없이 비우고 감사하고 도전하는 마음에 '비·감·도'라는 섬을 만드는 일과 같습니다.

당신을 알리는
특별한 단어를 만들어라

신선하고 매력적이고 희망이 전해지는 말, 듣기만 해도 가슴속 정원에 봄비를 내리게 하는 말, 당신의 말을 듣는 대상의 니즈와 욕망을 충족시켜 주면서도 잔잔한 여운을 주는 키워드!

"아름드리나무가 쓰러져도 듣는 이가 없으면 아무 소리도 들리지 않는다."는 피터 드러커의 말은 참 많은 생각을 하게 해 줍니다. 성공한 리더들을 잘 살펴보면 그들은 짧고 강력한 메시지 속에 타인의 감성을 깨우는 언어를 잘 활용했다는 것입니다. 그것을 '워딩 파워(wording power)'라고 합니다. 말을 할 때는 P·T·O 법칙(Place, Time, Occasion)이 있는데, 즉 장소, 시간, 상황에 말을 한다고 해도 언어가 간결하지 않고 순서 배열이 잘못되면 워딩 파워가 제대로 발휘되지 못합니다.

영국 역사상 가장 위대한 영국인 1위에 오른 윈스턴 처칠 (Winston Churchill, 1874~1965)은 그의 빛나는 웅변술과 리더십으로 지금도 많은 사람들의 기억 속에 자리 잡고 있습니다. 그가 옥스퍼드대 졸업식 축사를 했을 때, 입에 물었던 시가와 모자를 단상에 내려놓고 잠시 청중을 바라보다가 입을 떼며 했던 말! 많은 세월이 흘러도 우리들 가슴속에서 잊히지 않는 이유는 무엇일까요?

"Never give up! Never give up! Never give up!" 그는 단상에서 절대 포기하지 말라는 말만 세 번 하고 내려왔는데, 학생들은 모두 기립하여 박수를 쳤으며 일부 학생들은 눈물을 흘리기도 했다고 합니다. 그리고 이 짧은 말은 지금도 불후의 명언으로 회자되고 있습니다.

미국의 위대한 지도자 16대 대통령 링컨(Abraham Lincoln, 1809~1865)은 게티스버그(펜실베이니아 주)를 방문하고 전몰자 국립묘지 봉헌식에 참석했을 때 그 식전에서 불과 2분간의 짧은 연설을 행하는데, 그것이 이 유명한 「게티스버그 연설」입니다. "국민의(of the people), 국민에 의한(by the people), 국민을 위한(for the people)"이라는 짧은 단어로, 원문 총 266 단어의 이 연설문은 다음 날 게티스버그 신문에 실리며 미국사의 기념비적 텍스트의 하나로 전해졌습니다.

미국 대통령이 된 버락 오바마(Barack Obama)는 2008년 8월 민주당 대통령 후보로 확정되면서 유권자들에게 "변화(change)"와 "우리는 할 수 있다(Yes, We can)"라는 말로 흑인뿐 아니라 백인들에게도 폭넓은 지지를 얻었으며 공화당 존 매케인 후보의 2배가 넘는 선거인단을 확보하여 압도적 승리를 거두고 2009년 제44대 미국 대통령에 취임하였습니다. 그 연설은 명연설로 세계의 사람들에게 회자되고 있습니다.

오래된 친구의 이름이나 전화번호는 기억나지 않아도, 유년 시절 들었던 광고 노래는 머릿속에 생생합니다. 이 광고는 한국사에 길이 남을 CM송이라고도 합니다. "12시에 만나요, 브라보 콘. 둘이서 만납시다, 브라보 콘. 살짝 쿵 데이트, 해태 브라보 콘." 12시가 되면 생각나는 아이스크림! 이 CM송을 만든 강근식 선생님은 브라보 콘이 가장 많이 팔리는 시간이 1시인데, 1시라고 하면 재미가 없어서 12시라고 붙인 것이라고 합니다.

그 말을 들으면 당신을 생각나게 하는 나만의 캐치프레이즈(catch phrase)! 하나 만들어 보시면 어떨까요? 당신을 떠올리게 하는 특별한 말!

가능한 차갑고, 인색하고, 게으르고, 고집스럽거나, 불통이거나, 상투적이거나 거짓으로 느껴지는 부정적인 이미지를 주는 단어는 쓰지 않는 것이 좋습니다. 신선하고 매력적이고 희망이 전해지는 말, 듣기만 해도 가슴속 정원에 봄비를 내리게 하는 말, 당신의 말을 듣는 대상의 니즈와 욕망을 충족시켜 주면서도 잔잔한 여운을 주는 키워드를 찾아보십시오.

●

하루 86,400초
어떻게 보내나요?

○

성공한 CEO의 하루는 시간과의 전쟁이기도 합니다. 수많은 업무 보고서와 회의와 의사결정, 쏟아지는 이메일을 처리하고 동시에 가정과의 균형과 미래를 위한 아이디어를 얻기 위해 하루 24시간이 모자랄 듯합니다. 그럼에도 그들은 평범한 사람들이 3일을 살듯 하루 24시간을 활용합니다.

세상에서 가장 평등한 것이 있다면 시간이지요. 권력, 재력, 학벌 상관없이 남녀노소 누구에게나 똑같이 적용되는 시간은 결국은 어떻게 관리하느냐에 달려 있습니다. 47명의 노벨상 수상자, 32명의 국가수반(존 F. 케네디, 조지 부시, 시어도어 루스벨트, 버락 오바마 등), 48명의 퓰리처상 수상자, 마이크로소프트 전 CEO 빌 게이츠, 페이스북 CEO 마크 저커버그를 비롯한 많은 CEO를 배

출한 하버드대 출신들의 하루를 지배하는 것은 "신은 시간을 아끼는 사람을 맨 앞에 둔다."는 말입니다.

당신은 하루의 시간을 어떻게 보내고 있습니까? 혹여 "오늘 하루가 지나면 내일도 있는데, 내일 하면 되지."라고 생각하지는 않는지요. 가장 파괴적인 말이 '나중에'이고 가장 생산적인 말이 '지금'이라고 합니다. 글을 쓰다가 잠시 숨을 고르고 있으려니 서재 벽시계의 초침이 쉴 새 없이 움직이고 있습니다. 내 호흡 수보다 몇 배나 빨리 앞으로 가는 초침 소리가 내 삶의 시간을 야금야금 갉아먹는 느낌이 들어 가슴이 답답해집니다. 시간은 왜 저렇게 겁나게 빨리 가냐고요?

저 초침은 하루에 몇 번이나 움직일까 생각했습니다. '1일 = 24시간, $24 \times 60 = 1,440$분, $1,440 \times 60 = 86,400$초', 초침은 하루에 86,400번을 움직이는 것입니다. 뒤로 갈 수 없는 시간, 내 삶에 가장 젊은 지금, 그 지금을 잘 쓰는 것은 오로지 나의 몫입니다.

성공의 요인은 사람마다 다르겠지만 5가지로 요약해 봤습니다. 목표관리, 행동관리, 건강관리, 인맥관리, 시간관리. 그중에서도 목표나 건강, 행동, 인맥은 사람에 따라 그 중요도가 다를 수 있겠지만 시간관리는 예외 없이 모든 사람에게 똑같이 적용되는 관리입니다. 똑같이 출발해서 노력했다 해도 시간관리에 따라 결과에는 엄청난 거리가 생길 수 있습니다.

어느 책에서 시간관리를 각각 A등급, B등급, C등급, D등급으로 분석했습니다.

A등급 : 중요하면서 긴급한 일(시험 준비, 각종 업무 제출마감 등)

B등급 : 중요하지만 긴급하지 않은 일(목표를 위한 학습, 각종 세미나 참석)

C등급 : 중요하지 않지만 긴급한 일(만남, 병문안, 결혼식 등)

D등급 : 중요하지도 긴급하지도 않은 일(TV 시청, 취미활동, 여행)

여기서 A등급은 고민할 필요가 없지만, B와 C의 선택을 어떻게 하느냐에 따라 시간을 효율적으로 쓸 수도 있고 쓸데없이 버릴 때가 있습니다. B와 C는 상황에 따라 바뀔 수 있습니다. 그것은 오로지 자신만이 알 수 있기에 순간의 선택을 어떻게 하느냐에 따라 성취도 또한 변할 수 있음을 명심해야 합니다. 흔히 시간은 돈을 주고도 살 수 없다고 합니다. 그러나 매일 우리 통장에 86,400원이라는 돈이 들어오는데 그것을 매일 인출하지 않을 경우 24시에 제로가 된다면, 과연 찾아가지 않을 사람이 있을까요?

급해서 화장실 가는 일 다음으로 찾아 쓸 것입니다. 즉, 시간관리는 돈을 저축하는 것보다 더 확실한 방법입니다. 내 안에 쌓여 가는 스펙과 감동 스토리는 하루가 지나면 없어지거나 누가 꺼내 갈 수 있는 것이 아니기 때문입니다. 그것은 무형의 자산이면서 자신의 꿈을 이룰 업적이 될 수 있기 때문입니다.

시간관리! 당신의 86,400초를 잘 사용하십시오. 중요하면서 긴급한 일을 관리하시고 장기적으로 자신에게 도움이 되는 일을 먼저 선택하십시오. 그것은 오로지 당신의 몫입니다.

쌤통을 즐기는 마음엔
상처가 많다

○

"고것 참 쌤통이다!" "고소하다, 고소해!"

이 말은 고통을 입은 사람에게 "당해도 싸다 싸!"라는 의미를 담고 있으니 참으로 무정한 말이 아닐 수 없습니다. 그에게 원한이 있었던 걸까요? 아님 그에게 무시를 당했던 것일까요? 그것도 아님, 자신보다 잘나가는 것이 꼴 보기 싫은 쌤통 심보일까요.

러시아에 전해 내려오는 이야기를 하나 살펴볼까요? 우연히 마술램프를 발견한 농부가 램프를 문지르자 요정이 나타났습니다. 요정은 소원을 말해 보라고 했는데 농부의 말인즉 "이웃집에 젖소가 한 마리 생겼는데 가족이 다 먹고도 남을 만큼 우유를 얻었고 결국 부자가 되었다."고 했습니다. 요정은 "그럼 이웃집처럼 젖소를 한 마리 구해 드릴까요? 아님 두 마리라도?" 하고 묻자, 농부의 대답이 섬뜩했습니다.
"아니, 이웃집 젖소를 죽여주면 좋겠어!"

시기나 질투는 누구에게나 있는 인간적인 감정입니다. 그러나 부러움과 시기를 넘어 잘되는 사람이 불행해지기를 바라는 마음이 반복되다 보면 내면의 은밀했던 악마의 감정이 자신을 지배하게 됩니다. 독일어로 '샤덴프로이데(Schadenfreude)'라는 말은 '남의 불행이나 고통을 보면서 느끼는 기쁨'을 말합니다. 'Schaden(손실, 고통)'과 'Freude(환희, 기쁨)'의 합성어로, 남의 불행은 나에게는 꿀맛이 된다는 뜻입니다.

치열한 경쟁사회에서 일등만 대접받고 살아남는 현실은 샤덴프로이데의 감정을 자꾸만 부추기게 됩니다. 스포츠경기에서 반칙이나 실수로 탈락한 사람으로 인해 메달을 받게 되는 영광이나 상대 회사의 부정이 드러나면서 또 다른 회사의 제품판매율이 급등하고 간발의 차이로 탈락하는 정치선거에서 보면, 누군가의 불행이 누군가에게는 기쁨이 되고 있는 것은 사실입니다. 굳이 라이벌 상대의 몰락이 아니어도 자신이 하는 일은 자꾸만 꼬이고 있는데 평소 알고 있던 사람은 성공가도를 달리는 소식을 들으면 배가 살살 아파 온다는 것입니다. 그때부터 샤덴프로이데는 내면의 은밀한 악감정을 행동으로 옮기려는 잔혹성을 갖게 됩니다.

이를 두고 독일 철학자 쇼펜하우어는 "시기를 하는 것은 인간적이지만 샤덴프로이데는 악마적이다."라고 했습니다. 타인의 불행에 기뻐하다 보면 측은지심(惻隱之心)도 수오지심(羞惡之心)도 사라지게 마련입니다. 측은한 마음이나 부끄러운 마음이 없어진 자리에는 '타인의 고통이 나에게는 행복'이라는 공식으로 자리잡습니다. 나치의 홀로코스트나 일본의 생체실험인 마루타, 범죄조직과 연쇄살인범들의 광기 어린 행동은 샤덴프로이데의 은밀한 감정이 축적되어 나온 조직적인 행동입니다.

일본 교토대 의학대학원 다카하시 히데히코 교수팀은 타인의 불행에 쌤통을 외치는 사람들의 뇌 상태를 실험했습니다. 평균 연령 22세의 신체 건강한 남녀 19명에게 가상의 시나리오를 주고 읽으면서 자신을 주인공으로 생각하도록 했습니다. 주인공은 능력이나 경제력, 사회적 지위 등 모든 면에서 평범한 사람이며 다른 세 명은 모두 대학 동창생입니다. 연구팀은 실험 참가자가 이들의 이야기를 따라가는 동안 뇌에서 나타나는 반응을 기능성 자기공명 영상(fMRI) 장치로 촬영해 분석했습니다.

fMRI 영상을 분석한 결과, 친구가 자신과 관련 있는 분야에서

두각을 나타낼 때는 고통을 느낄 때 활성화되는 '배측전방대상 피질(dorsal Anterior Cingulate Cortex, dACC)'이 반응하는 것으로 나타났습니다. 또 경쟁자가 불행을 겪었다는 이야기를 들을 때는 기쁨과 만족감을 발생시키는 보상회로인 '복측선조체(ventral striatum)'의 활동이 활발해지는 것으로 나타났습니다. 이 실험을 통해 뇌는 누군가를 시기하고 질투할수록 고통스럽기도 하고 또 기쁘기도 하다는 것을 알 수 있습니다.

경쟁자의 고통이 뇌의 기쁨의 보상회로를 활성화시킨다는 것은 누구나 악마성을 가질 수 있다는 의미라 놀라울 뿐입니다. 쌤통의 심리와 샤덴프로이데가 인간의 본능이라고 치부하는 것은 자신의 삶에 대한 책임 회피일 뿐입니다. 내 삶을 변화시키고 성장시키는 중심엔 나밖에 없습니다. 쌤통 심리는 열등감과 우울감으로 마음을 아프게 할 뿐입니다.

믿음은 바람보다 수천 배가 강해서 언젠가는 그 믿음대로 됩니다. 비교와 나태함으로 보냈던 마음 밭에 당신이 하고 싶고, 잘하는 씨앗을 뿌려야 합니다. 또 쌤통 심리가 꿈틀거리면 마음을 달래 주고 격려해 주세요.
"너 아프구나, 괜찮아! 그런데 말이야, 누군가를 시기할 시간이 있으면 네 마음 밭에 물을 주고 햇살을 줘야 꽃이 피지 않겠니?"

심장에서 잘 익어 나온 말은
바쁘게 걷는 이들의 길가에 핀 별꽃이 되기도 하고
어느 집 담벼락에 흐르는 눈물을 닦아 주는
한 첩의 보약이 되기도 합니다.

3부

열정의 꽃피우기

자신의 주인으로
산다는 것

세상이 알아서 나를 필요로 하지는 않습니다. 세상은 나를 모릅니다. 이제 세상에게 내가 말해야 합니다. 나는 존재로 귀한 사람이라고, 그래서 아픔도, 슬픔도 희망으로 버무리는 힘이 내게 있다고 세상이 나를 짓밟는다 해도 나는 포기하지 않는다고 말입니다.

마음속에 쌓아 놓은 때들이 반란을 일으키는 밤, 온갖 부정적 감정들이 몰아치듯 심장을 옥죄고 밤은 깊고도 길게 느껴집니다. 눈뜨지 못한 아침이 될 것 같아도 자연은 어김없이 새벽닭이 울면 어둠을 걷어냅니다. 찬란한 햇살이 내리면서 어느새 차가운 육신에도 온기가 스며들어 피돌기가 꿈틀거리는 것을 느낍니다. 아직은 살아 있다고, 그러니 일어나야 한다는 소리와 함께 말입니다.

그렇게 자연은 끝과 시작을 동여매듯 아픔과 기쁨 또한 하나의 끈으로 묶어 놓고 있습니다. 중요한 것은 내가 어디에 머물고 있느냐는 것입니다. 나무들은 땅이 얼어붙고 폭풍이 몰아쳐도 자신의 자리를 선택할 수가 없습니다. 다만 자신이 머문 자리에서 새롭게 깨어나려고 최선을 다할 뿐입니다. 그리고 봄이 오면 가슴에 품은 분신을 밖으로 보내며 사람들의 시선을 사로잡게 만듭니다. 그러나 우리들은 어떠한가요? 자신의 자리를 선택을 할 수 있음에도 그 자리에 머물면서 힘들어하는 건 아닌지….

발이 시리면 따뜻한 곳으로 피할 수 있고, 더러운 곳도 빠져나올 수 있습니다. 그럼에도 "피하고 싶어도 갈 곳이 없는 현실을 당신은 알고 있느냐?"고 합니다. "배부른 소리 작작해라!"라고 항변할지도 모릅니다. 그런데 그런 푸념을 아무리 해도 세상은 받아 주지 않는다는 것입니다. 지치고 힘든 사람에게 관심을 주는 것보다 잘나가는, 성공한 사람들에게 관심을 주는 것이 현실입니다. 아무리 떠들고 원망해야 그가 세상에게 던져 줄 힘이 없다면 동정할지는 모르겠지만 그의 아픈 삶을 같이 짊어지려고 하지 않습니다.

가난한 부모를 원망하면 무슨 소용입니까? 차별이 난무한 현실을 탓하면 무슨 소용입니까? 재주가 없는 자신을 비난하면 무슨 소용입니까? 사회적 차별을 외치는 사람에게 힘이 없다면 외려 비난만 받게 될 텐데요. 내 소리가 세상에 퍼져 나가도록 하려면 스스로 힘을 키우는 길밖에 없습니다. 변화를 원하고 성장을 원한다면 지금 당장 행동하십시오. 아픈 상처를 거름으로 만들고 흐르는 눈물을 씨앗으로 버무려 얼어붙은 땅을 파 가며 꽃씨를 뿌리듯 당신의 마음에 정원을 만드십시오. 그것은 온전히 자신의 몫이라는 것입니다.

두 발을 쓰레기 밭에 두고, 두 손은 가시를 잡고 있으면서 마음이 아프다고 합니다. 마음은 스스로 바꿀 수 있을 것 같아도 두 발과 두 손을 잘 쓰지 않으면 어찌할 수 없습니다. 운동을 하며 땀을 흘리면서 마음이 답답할 수는 없습니다. 누군가를 위해 자원봉사를 하면서 짜증난다는 말이 나오지는 않습니다. 마음이 우울한 것은, 내 삶에 변화가 없는 것은 꿈과 목표를 행동으로 옮기지 않는 게으름에 있습니다.

"그게 안 되니까 그러죠. 그게 쉬운가요?"이렇게 말하는 이들이 많습니다. 어쩌면 제 마음도 그렇게 변명할 때가 많았습니다. 그러나 결과는 더 나쁘게 바뀌더라는 것입니다. 부정은 더 큰 부정을 선택할 뿐입니다. 그럼에도 불구하고 긍정을 선택해야 하고 당장 시작해야 하는 이유입니다.

응용심리학의 거장이며 미국의 사상계를 대표했던 하버드대 교수 월리엄 제임스(William James)는 그의 감정이론에서 "감정이 행동보다 먼저 나오는 것 같지만 사실은 감정과 행동은 동시에 나온다. 그러나 감정을 바꾸기는 쉽지 않아도 행동을 바꾸면 감정은 쉽게 따라온다. 행복해서 웃는 것이 아니라 웃다 보니 행복해지는 것이다."라고 말했습니다. 철학과 종교학, 심리학과 생리학을 넘나드는 그의 연구는 현상학과 분석철학에 직접적인 영향을 끼쳤으며, 태도와 행동이 감정의 변화는 물론 인간의 운명까지 바꾼다고 설파했던 대표적 인물이기도 합니다.

침대 위에서 "살을 빼야지."라고 아무리 외쳐도 일어나 운동을 하지 않으면 소용이 없습니다. "친절해야지."라고 마음속에 다짐을 해놓고도 자신이 내뱉는 말을 정화시키지 않으면 상대를 불쾌하게 만들기도 합니다. 변화는 좋은 생각에서 오는 것 같지만 외려 생각이 많으면 많을수록 머리만 아프고 가슴이 답답해지기도 합니다. 그럴 때면 생각을 줄이고 작은 행동이라도 실천해야 원하는 삶의 모습으로 바뀔 수 있습니다. 일체유심조(一切唯心造)라 하지만 변화와 성장은 일체유행조(一切唯行造)에 있습니다.

인간이 인간다울 수 있는 것은 어쩌면 선택이 주는 자유인지도 모릅니다. 완전한 자유를 느낄 때 삶은 나를 주인공으로 초대하는 것입니다. 자유는 행동할 때 주어지는 선택입니다. 어쩌면 우리는 수없이 파고드는 감정의 늪에 허우적거리면서도 행동하는 데 인색하고 게을렀기에 불순하고 부정적인 감정을 자꾸만 허락하고 있는지도 모릅니다. 세상이 알아서 나를 필요로 하지는 않습니다. 세상은 나를 모릅니다. 이제 세상에게 내가 말해야 합니다. 나는 존재로 귀한 사람이라고, 그래서 아픔도 슬픔도 희망으로 버무리는 힘이 내게 있다고, 세상이 나를 짓밟아도 나는 포기하지 않는다고 말입니다.

미국의 33대 대통령으로 재임에 성공한 해리 트루먼(Harry Shippe Truman)은 그의 집무실 책상에 이런 글귀를 붙여 놓았다고 합니다. "The buck stop's here(지금 머문 자리에서 책임을 져라)." 참으로 보석보다 빛나는 말이 아닙니까.

책임을 진다는 것은, 행동하라는 의미이며 내일로 미루지 말라는 뜻이기도 하며 타인에게 전가하지 말라는 의미이기도 합니다. 우리 삶에 주인공으로 산다는 것이 무엇인지를 짧고 강렬하게 보여 주는 메시지입니다. 나의 나이에 책임을 진다는 것, 부모로서, 딸로서, 친구로서, 내가 맡은 일로서 책임을 질 때 우리는 진정한 자유로움을 얻게 됩니다. 자신의 주인으로 산다는 것은 자신의 선택에 책임을 다할 때 가능해집니다.

청춘은 마음에
심은 봄

이별은 떠난 사람의 문제가 아니라 남아 있는 사람의 몫입니다.
청춘은 20대의 젊음을 말하는 것이 아닙니다. 푸른빛으로 살고 있는
모든 사람은 청춘(青春)입니다. 청춘은 마음에 심어 놓은 푸른 봄이니
까요.

'기억이란 참 이상하다. 실제로 그 속에 있을 때 나는 풍경에 아
무런 관심도 없었다. 솔직히 그땐 내게는 풍경 따위 아무래도
좋았던 것이다. 나는 나와 그녀에 대해 생각하고 그리고 다시
나 자신에 대해 생각했다. 그렇지만 지금 내 머릿속에 우선 떠
오르는 것은 그 초원의 풍경이다. 풀 냄새, 살짝 차가운 기운을
띤 바람, 산 능선, 개 짖는 소리…. 그 풍경 속에 사람은 없다.
아무도 없다. 우리는 도대체 어디로 사라져 버린 걸까? 그렇게

소중해 보인 것들이, 그녀와 나, 나의 세계는 어디로 가 버린 것
일까?'
무라카미 하루키의 『노르웨이의 숲』에 나오는 주인공 와타나베
가 사랑했던 나오코를 떠올리면서 했던 독백입니다.

나의 스물두 살의 청춘, 사랑이란 꽃망울이 가슴에서 터지고,
그리움이란 감정이 음악처럼 들리는 날들이었습니다. 부산에
살던 그를 만나기 위해 용산역, 비둘기호에 몸을 싣고 10시간을
달렸나 봅니다. 플랫폼 건너편에서 찔레꽃을 닮은 미소로 손을
흔들고 있는 사람. 무수한 기다림과 그리움을 품고 장문의 편지
를 주고받았던 그와 함께했던 4년의 시간은 온통 푸른빛이었습
니다.

30년이 흐른 지금, 내 머릿속엔 그의 얼굴이 보이지 않습니다.
아무리 그리려고 해도 모자이크 처리한 얼굴만 스쳐갈 뿐입니
다. 그때 그 장소와 그와 걸었던 거리는 선연한데, 부산역 플랫
폼의 정경, 자갈치 시장과 태종대, 해운대 밤바다의 첫 키스,
그리고 명멸했던 불빛들….

그때의 그의 모습도, 내 모습도 사라진 것입니다. 그 소중했던
순간들이, 그 가슴 아렸던 순간들이…. 사람이 사라진 자리에

도 풍경은 그대로의 아름다운 빛을 뿜어내고 있습니다. 자연이 품은 신비함으로 인해 추억을 여전히 아름다움으로 남게 만드는 것이 아닐까요. 사랑했던 사람이 죽음으로 먼저 갔든지, 이별을 선언하고 잔인하게 떠나갔든지 그의 기억을 지우지 않으면 상실은 상처로 남아 고통을 안겨 줍니다.

떠나간 사람에 대한 지나친 집착은 남겨진 자, 혹은 버림받은 자의 몸과 영혼을 병들게 합니다. 시간이 흘러도 잊지 못하는 사람이 선택하는 원망과 분노, 죽음과 죽임이라는 잔인한 결과를 막기 위해 과거의 사람과 현재의 사람 사이에 레테의 강(망각의 강)이 생기는 것입니다. 그리고 과거의 주연이었던 사람이 물러나고 조연이었던 자연과 주변의 모습들이 주연으로 바뀌게 되지요. 어쩌면 우리는 살아가야 하고 또 살아내야 하고 다시 사랑해야 하기에 신은 레테의 강을 만들었는지도 모릅니다.

생각과 믿음은 바람보다 수천 배 강하다고 하지요. 지워지지 않는 것이 아니라 지우려고 하지 않았기에 남아 있었던 상처들, 살아가는 데 전혀 도움이 되지 않는 기억은 지워 내고 도려내야 살 수 있습니다. 그리고 남아 있는 풍경, 그때 그 자리, 그 삼나무 숲길과 풀잎 소리, 골목길 가로등 불빛을 떠올리면서 자신의 과거를 따뜻한 추억으로 느낄 수 있어야 합니다.

○ 마음 정원 ○

이별은 떠난 사람의 문제가 아니라 남아 있는 사람의 몫입니다. 청춘은 20대의 젊음을 말하는 것이 아닙니다. 자신의 삶을 푸른 빛으로 물들이기 위해 사랑을 심고 있는 사람은 모두 청춘(青春)입니다. 아직도 떠난 사람, 혹은 죽은 사람의 방을 기웃거리면서 소중한 시간을 잃어버리고 있지는 않는지요.

단테의 『신곡』 「지옥 편」에 보면 이런 말이 나옵니다.

하늘에서 쫓겨나 비처럼 떨어뜨려진 천사가, 천여 명이나 문 위에 보였다.
그들은 저마다 화난 소리로 외쳤다.
"누구냐, 죽지도 않은 주제에 죽은 자의 왕국을 활보하는 놈이?"

이너뷰티한 삶,
그 감동!

선(善)과 악(惡), 미(美)와 추(醜)를 품고 있는 사람! 때문에, 향기가 흐르는 사람으로 살려면 마음이란 밭에 끊임없이 긍정의 씨를 뿌리고 열정이란 거름을 주고 온정이란 열매를 이웃과 나눌 수 있어야 합니다. 그것이 이너뷰티(Inner beauty)한 삶입니다.

자연이 아름다운 것은 한없이 진실한 모습을 보여 주면서 책임을 다하기 때문입니다. 꽃은 꽃대로, 풀은 풀대로, 나무는 나무대로, 물은 물대로 어느 것도 투정도 비교도 하지 않고 처한 현실을 받아들입니다.

그런데도 '화향천리(花香千里) 인향만리(人香萬里)'라고, 사람의 향기가 꽃보다 멀리 간다고 하네요. 왜 그럴까요? 변덕이 죽 끓듯

하고 탐욕이 하늘을 찌르는데 말입니다.

어떤 사람에게는 생선 썩은 냄새가 나고 어떤 사람에게는 구린 내가 나기도 합니다. 무서운 것은 그런 악취에 익숙해진 사람은 외려 구수하게 느낀다는 것입니다. 욕을 듣고 자란 아이는 욕이 일상화될 수 있고, 폭력을 보고 자란 아이는 폭력에 대한 근력이 생겨납니다.

선(善)과 악(惡), 미(美)와 추(醜)를 품고 있는 사람, 때문에 사람의 몸에서 향기가 흐르게 하려면 마음이란 밭에 끊임없이 긍정의 씨를 뿌리고 열정이란 거름을 주고 온정이란 열매를 이웃과 나눌 수 있어야 합니다. 그것이 이너뷰티(Inner beauty)한 삶을 사는 길입니다. 그런 사람은 허름한 옷을 입고 싸구려 가방을 들고 한강의 둔덕에 앉아 있어도 모네의 풍경화처럼 잔잔한 감동으로 다가오지 않을까요.

TV에서 친절 캠페인을 위해 몰래카메라를 찍고 있었습니다. 한 할머니가 폐휴지가 담긴 리어카를 끌고 비탈진 길을 올라가다가 그만 중심을 잃고 넘어졌습니다. 리어카에 가득 담겼던 박스도 와르르 쏟아 내렸죠. 할머니 뒤를 따라오던 차가 길을 막고 있다고 빵빵대다가 밖으로 나온 여자는 할머니에게 삿대

질까지 합니다.

"아씨! 바쁜데 미치겠네.
늙으면 집 있어야지, 빨리 치우라고요!"

오가는 이들은 할머니의 쏟아진 폐휴지를 힐끗 보면서도 무심하게 지나가 버립니다. 시간은 흐르는데 도와주려는 사람이 나타나지 않아 카메라 팀들은 초조해집니다. 그때 건너편에 슈트 차림을 잘 빼입은 청년이 뛰어와 바닥에 떨어진 박스를 줍기 시작합니다. 옷에 먼지가 묻든지 지나가는 사람이 보든지 아랑곳하지 않고 박스를 다 주워 담고 나서 리어카를 끌어다 안전한 곳으로 놓습니다.

"할머니, 힘내시고 건강하세요."

할머니의 손을 꼭 잡아 주고 총총 사라졌던 아름다운 청년! 그의 이미지는 시간이 오래 지났는데도 떠올리면 종려나무 숲길이 되어 중년의 여인을 풋풋하게 만들어 줍니다. 모습도 말도 행동도 한 폭의 풍경화 같았던 청년! 그의 부모나 애인은 참 복도 많다는 생각이 드네요.

미국의 심리학자이며 워싱턴대학 엘마 게이츠 교수팀은 사람들이 말과 감정을 표현할 때 나오는 미세한 침의 파편을 모아 분석한 흥미로운 실험 결과를 발표했습니다. 감정이 평소에는 무색이었다가 화를 낼 때는 갈색으로 변하고, 슬퍼할 때는 회색, 사랑할 때는 분홍색 침전물이 나왔으며 기뻐할 때는 청색 침전물인 엔도르핀이 증가했습니다. 더 놀라운 건 갈색 침전물을 실험용 흰쥐에게 투여했더니 금방 죽어 버렸다는 겁니다. 이에 게이츠 교수는 이 갈색 침전물에 '분노의 침전물'이란 이름을 붙였습니다.

오랫동안 쌓아 놓았던 좋은 이미지가 거친 말로, 격한 감정표현으로 한순간에 물거품이 될 수 있습니다. 뒷수습을 위해 반성도 하고 봉사도 한다 하지만, 이미 사람들의 뇌리에 각인된 것을 없애기는 쉽지 않습니다. 따라서 순간 화가 치민다 해도 잠시 숨을 고르고 내 안에서 화의 감정을 솎아내고 정화시켜서 내보내야 합니다. 급하게 익힌 음식은 배탈이 나기 쉽고, 급하게 지은 건물은 재난에 쉽게 무너지게 마련입니다.

시시각각 일어나는 감정을 안에서 솎아내지 않고 밖으로 내보낸다면 자신은 물론 타인에게도 지울 수 없는 상처를 남기게 됩니다. '도가니로 은을, 풀무로 금을, 칭찬으로 사람을 단련해라.'

는 잠언을 마음에 새기면서 살아간다면 인향만리(人香萬里)의 주
인공이 당신이 되지 않을까요.

나는
틀릴 수 있다

'내 생각이 틀릴 수 있다는 것!'을 깨닫는 것이 진정한 소통의 시작입니다. 리더십의 덕목 중 하나가 내 생각이 모두 맞다고 주장하는 것이 아니라 내 생각도 틀릴 수 있다고 말할 수 있는 용기를 길러 주는 것입니다.

"손님, 바구니에 담으셔야 해요."
그러더니 내 쇼핑가방을 낚아채듯 빼앗아 쇼핑백 안에 든 물건을 바구니에 쏟아붓는 직원에게 나는 짜증이 난 목소리로 말했습니다.

"이 쇼핑백까지 다 구입할 건데 뭐가 문제죠?"
"그래도 여기 규칙은 바구니에 담아서 계산해야 해요."

"그게 아닌 것 같은데, 계산을 안 하고 가져갈까 봐 그런 거 아닌가요?"

"…."

뾰로통한 표정으로 고개를 돌리는 모습이 나를 영락없이 도둑으로 생각했다는 느낌이었습니다. 순간 불쾌한 마음에 나는, 바구니에 있는 물건을 다시 쇼핑가방에 담았습니다. "물건을 들고 밖으로 나오지 않았고 내 가방에 넣은 것이 아니고 나는 상점 안에 있는데 감히 나를 도둑으로 생각해?" 하는 오기였습니다.

휴일 오후 동네 에서 CGV에서 영화를 보고 기분 좋은 마음으로 다이소에 들렀을 때의 일입니다. 그곳에 가면 늘 매장에서 파는 쇼핑백에 물건을 담아 계산할 때 함께 계산을 했기에 한 번도 그 직원처럼 대했던 사람이 없었습니다. 그렇게 상한 마음으로 3층을 올라가 물건을 고르는데, 순간 머리를 '띵!'하니 스치는 생각이 'I may be wrong(나는 틀릴 수 있다)'이었습니다.

"내 생각이 틀릴 수도 있는데…. 그녀의 입장에서는 자기 일에 최선을 다한 건데, 난 왜 화를 냈지?"

이렇게 생각하니 기분 좋게 받아들이지 못한 옹졸한 마음이 부끄러워 얼굴까지 화끈거렸습니다. 2층으로 내려와 그녀를 찾았습니다. 구석에서 물건 정리를 하는 그녀에게 살며시 다가갔습니다.

"아까는 화내서 미안해요. 내가 틀렸어요. 언니 입장을 생각해야 했는데…."
"아, 네. 아까 불쾌했다면 죄송합니다. 정말 몰래 가져가는 사람들이 많아요."
"에궁, 그런데 나까지 힘들게 했군요. 미안합니다."

돌아서는 내 등에 그녀가 웃음을 날렸는지 따뜻한 온기가 전해집니다. "내가 틀렸다"는 것을 인정하는 것도 용기임을 느낀 하루였습니다.

'소통(communication)'이란 말의 어원은 라틴어 'communicare'에서 나왔습니다. 'communicare'는 '공통분모를 가지다. 공유한다. 함께 나눈다.'는 뜻입니다. 소통의 원래 의미는 메시지를 전달하기보다는 메시지를 상대방과 공유하고 나눈다는 의미가 되는 것이지요. 그래서 '통한다, 흐르다'는 의미가 제대로 관철되려면 어떤 경험을 함께 공유해야 한다는 것입니다. 경험을 공유하려면 경청과 인정이 전제되어야 합니다.

모든 사람들은 자신의 의견과 대립될 때 언성이 높아지기 시작합니다. 끝내 평행선을 달리거나 서로 힘으로 몰아붙이면 흐름이 막히고 역류하게 되어 관계도 살벌해지는 것이지요. 그때부터 함께 숨을 쉬는 것, 얼굴을 대하는 것조차 고통으로 느껴집니다.

흐름이 막히려는 순간 가장 지혜로운 해결 방법이 'I may be wrong!', 즉 '나는 틀릴 수 있다'를 깨닫는 것입니다. 서로가 틀릴 수 있다고 인정을 하게 되는 순간부터 문제의 답이 보이고 불편한 현실을 바꿀 수 있습니다. 우리는 하나의 문제로 논쟁을 할 때 대화가 아닌 상대의 완전한 승복을 요구합니다. 그러나 Win-Win이 아닌 상황이 되어 버리면 어느 한쪽은 상처를 입고 마음의 문을 닫고 맙니다. 소통의 물길이 흐르게 하려면 생각의 다름을 인정하고 다양성으로 발전시켜 나가야 합니다.

어머니 자궁에서 같이 나온 형제들도 생각이 다르고, 내 몸에서 나온 자식들도 생각이 다릅니다. 하물며 어떤 경우는 내 안의 나조차 나를 통제 못하는데, 환경과 위치가 다른 사람이 생각이 다른 것은 자연스러운 일입니다.

생각은 다를 수 있고, 당신의 관점에서 보면 당신의 생각도 맞고 상대의 입장에서 보면 '내 생각이 틀릴 수 있다!'는 것을 깨닫는 것이 진정한 소통의 시작입니다. 리더십의 덕목 중 하나가 내 생각은 모두 맞는 것을 주장하는 것이 아니라 내 생각도 틀릴 수 있다고 말할 수 있는 용기를 길러 주는 것입니다.

I may be wrong(나는 틀릴 수 있다)!

마음에 꾸미는
긍정 디자인

세상 사람이 나를 비판하고 미워해도 살아가는 데 문제는 없습니다. 그러나 스스로 자신에게 등을 돌리면 희망은 없습니다. 모든 사람에게 좋은 사람, 아름다운 사람으로 기억되기는 어렵다 해도, 스스로에게 인정받는 사람이 되는 길은 어렵지 않습니다. 불만과 불평, 불안이라는 놈과 결별하면 됩니다. 지금, 당장⋯.

"내 마음을 나도 어찌할 수 없어!"
"아, 몰라, 모른다고! 될 대로 되겠지."

마음에 일어나는 무수한 갈등과 답답함에 뾰족한 방법이 없을 때면 이런 말이 튀어나옵니다. 그런데 이 말만큼 무책임한 말도 없습니다. 내 마음을 내가 다스리지 못하면 누가 할까요? 짜증이 폭발할 때 누군가로부터 섣부른 충고를 듣게 되면 나오는 말이 "너나 잘하세요!"입니다. 그리고 얕은 언사(言辭)에 또 후회합니다. 그렇게 자신의 감정을 유기하면서부터 일은 자꾸 꼬이고 일상은 불평이란 놈과 놀면서 마음을 황무지로 만들어 버립니다.

쓰레기더미를 치우지 않은 거리를 걷거나, 지저분한 음식점, 정리되지 않은 방을 보면 가슴까지 답답해집니다. 엉망이 된 마음은 쓰레기더미가 쌓여 있는 거리와 같습니다. 바람에 일어나는 쓰레기의 파편이 눈과 입에 들어와 몸에 염증을 유발하듯, 마음밭에 마구잡이로 핀 잡초를 뽑아 내지 않으면 타인의 작은 실수에도 분노가 불씨가 일어나 하루를 까맣게 태워 버립니다.

고대 그리스 의사 히포크라테스는 건강하다는 것을 몸과 마음의 균형으로 보았습니다. 그는 "마음이 아프면 몸이 아프다. 따라서 몸이 아플 때는 마음부터 치료해야 한다."고 했습니다. 그런데 우리는 어떻게 하고 있나요? 속이 거북하면 소화제를 먹고, 머리가 아프면 두통약을 먹지만 마음의 소리를 듣지 않습니다. 이럴 때 단 10분이라도 마음이 불편했던 이유를 점검해 봐야 합니다. 친구가 건물을 샀다는 소식에 배가 아픈 것이 아닌지, 누군가의 비난을 몸에 품고 있는 것은 아닌지, 성과를 내지 못해 머리가 아팠던 것은 아닌지, 알 수 없는 불안과 두려움에 몸이 쑤시는 것은 아닌지…. 이 모든 것의 원인이 마음과 관련되어 있다는 것입니다. 따라서 몸이 아프면 무조건 약을 찾기 전에 마음의 소리를 한번 들어 보십시오.

'지금, 왜 아픈 건지? 내 안의 내가 원하는 것이 무엇이라고 말하는지!'

그렇다면 마음이란 무엇일까요? 〈KBS 특별기획편 마음〉에서 '최근 많은 연구 결과를 보면 마음이란 뇌의 어떤 활동에 의해 나타나는 것으로, 뇌가 없으면 마음도 존재하지 않는다는 쪽으로 모아지고 있다.'고 했고, 마음을 구성하는 것은 결국 신경세포들의 조화로운 상호 간의 전달에 의한 것이고 이 신호 전달은 시냅스라는 구조를 통해서 이루어진다고 보면 된다는 것입니다.

여의도 성모병원 채정호 교수는 "마음은 뇌에 있으며 뇌라는 하드웨어가 마음이라는 소프트웨어를 돌아가게 가는 것"이라고 했고, 일본 뇌 재단 이사장 사노 규시 박사는 『마음은 뇌의 기능』이라는 책을 통해 "뇌는 하나의 구성물이고 그 구성물의 기능이 마음을 통해 나타나는 것"이라고 했습니다. 다시 말하면, 뇌는 뉴런(neuron)이라는 신경세포와 시냅스의 결과라는 것입니다.

신경세포 하나에는 한 개의 축삭돌기, 신경세포를 향해 뻗은 1,000~10,000개의 수상돌기에 있습니다. 외부에서 자극이 들어오면 전기신호가 되어 수상돌기에 들어오고 이 신호는 축삭돌기로 전달, 이때 신경세포 말단에 있는 시냅스를 자극, 신경전달물질을 분비시키면서 전기신호가 화학신호로 바뀌는 것입니다.

인간은 모두 같은 뇌구조를 갖고 태어납니다. 그런데 마음이 다른 이유는 이미 형성된 1,000억 개의 뉴런을 갖고 있지만 뉴런 네트워크에 투입되는 정보가 사람마다 다르기 때문입니다. 유전자정보 일부를 빼고는 부모, 환경, 교육으로 정보를 받아 만들어 내는 시냅스 네트워크가 달라지는 것입니다.

분당차병원 이상혁 박사는 "뇌 사진을 찍어 보면 뇌구조에는 이상이 없다. 그러나 신경전달조직을 현미경으로 관찰하고 분석하면 도파민 물질이 증가되어 있다."고 합니다. 정신에 문제가 있다는 것은 정신분열증, 신경증, 흔히 미친 사람들이라 불리는 사람들의 경우 뇌의 신경전달 물질 중 도파민(dopamine)이 과잉 분비되어 나타난다고 합니다. 결국은 신경물질이 부족하거나 과잉되어도 이상증세가 나타나기에, 건강하다는 것은 조화와 밸런스입니다.

자동차 운전할 때 액셀과 브레이크 중 어느 하나가 고장 나면 사고로 이어지게 되어 있습니다. 브레이크를 밟아야 할 때 액셀을 밟거나, 액셀을 밟아야 할 때 브레이크를 밟으면 자칫 생명까지 잃게 됩니다. 우리 몸 또한 운동과 휴식, 일과 취미 등을 적절히 분배할 때 스트레스를 덜 받게 되어 있습니다. 그러나 현실은 운동을 할 시간과 취미활동을 할 시간이 뜻대로 되지 않는다는 것입니다.

그렇기 때문에 마음 관리, 마음 디자인이 중요한 것입니다. 불평의 그림자가 생기지 않도록, 분노의 노예가 되지 않도록 부정적인 생각을 그때그때 잘라 내야 합니다. 마음은 생각과 느낌, 인식, 기억 감정이 어우러진 것이기에 과거와 미래 그리고 현재에 다리를 놓고 수없이 왔다 갔다 합니다. 그러나 현재의 느낌과 인식, 그리고 긍정적 감정에 충실할 수 있다면 어둠 속에서 빛을 찾을 수 있습니다. 바람 속에서 풍차를 돌릴 수 있습니다.

자연과 가장 모순되는 것이 있으면 행복입니다. 겨울 속에서도 봄빛을 느낄 수 있고 어둠 속에서도 아침을 볼 수 있는 것이 행복이기 때문입니다. 석가모니는 "사람의 마음은 그가 자주 생각하는 것을 향해 움직인다."고 했습니다. 다시 말해, 사람은 자기가 생각하는 대로 된다는 것입니다.

∘ 마음 정원 ∘

어떤 생각을 마음속에서 자주 떠올리면 그것이 정신적인 습관이 됩니다. 디자인의 세계에는 불황이 없습니다. 그만큼 아름다움을 찾고 계발해 나가는 것은 인간의 끝없는 욕망입니다. 마음을 디자인하는 것도 별반 다르지 않습니다. 긍정적인 생각을 자주 하고 아름다운 말을 자주 하면 마음의 모습과 빛깔도 은사시나무 숲길처럼 눈부시게 만들어지는 것입니다.

세상 사람이 나를 비판하고 미워해도 살아가는 데 문제는 없습니다. 그러나 스스로 자신에게 등을 돌리면 희망은 없습니다. 모든 사람에게 좋은 사람, 아름다운 사람으로 기억되기는 어렵다 해도, 스스로에게 인정받는 사람이 되는 길은 어렵지 않습니다. 그러기 위해서는 불만과 불평, 불안이란 놈들과 지금 당장 결별하십시오. 그리고 그들이 앉았던 자리에 웃음과 감사와 용기를 초대하십시오. 당신의 뇌에 행복발전소가 가동될 것입니다. 이 행복발전소가 멈추지 않는 한, 당신은 당신이 알고 있는 것보다 훨씬 매력적인 모습으로 살고 있을 것입니다.

행복
사용설명서

아침에 일어나 미소 세 방울 떨어트린 허브차를 마신 후엔 스트레칭으로 몸을 풀어 줄 것, 외출을 할 때면 반드시 친절이 농축된 향수를 옷에 뿌리고 배려가 들어간 가방을 들고 열정 뜸 깔창을 깐 신발을 신을 것, 햇볕과 나무를 친구로 만들고 하루에 한 번씩 대화를 할 것 일상 소소한 것에 감사를 표현하고 틈나는 대로 웃음약을 먹을 것, 주머니 속엔 사랑을 아름드리 넣고 기다리는 시간의 갈피마다 영혼을 적시는 노래와 시로 채우다가 만나는 사람에게 칭찬을 할 것, 반드시 주의할 점은 진정성이 없으면 효과가 없고 부정적 생각과 두려움을 갖고 있으면 거부반응이 생길 수도 있음.

봄비가 자박자박 내리던 4월의 어느 날 오후, 학교 교정을 거닐다 보니 마음 밭에도 단비가 내립니다. 교정 곳곳마다 환하게

핀 라일락꽃과 도라지꽃, 민들레와 별꽃과 팬지들과 눈 맞춤을
하다 보면 어느새 행복이란 녀석이 꼬물꼬물 내 가슴으로 비집
고 들어와 가부좌를 틀고 있습니다.

겨우내 추위와 고독을 이겨 내고 여기저기 망울을 터트린 꽃나
무들과 쉼 없이 노래하는 시냇물 소리를 들으며 그들의 진솔한
삶을 배웁니다. 척박한 환경을 탓하지 않고 누가 알아주지 않아
도 원망하지 않고 늘 초심의 자세를 유지하고 사는 나무와 물길
은 제 모습을 유지하기 위해 스스로 다독거리며 얼마나 속울음
을 삼켰을까요?

자연은 행복을 위해 순리대로, 흐름대로 몸과 마음을 맡기고 있
지만 사람은 행복하려면 처한 상황을 빨리 받아들여야 합니다.
욷자라는 탐욕과 근심을 비우고, 용서할 일은 용서하고, 떠나보
내야 할 것들은 보내는 것을 끊임없이 연습해야 합니다. 행복의
적은 불행이 아니라 행복한 것을 알아차리지 못하는 어리석음입
니다.

리처드 플래너건(Richard Flanagan)은 그의 저서 『먼 북으로 가는
좁은 길』에서 "행복한 사람에게는 과거가 없고 불행한 사람에게
는 과거만 있다."는 말로, 행복한 사람은 지금을 온전히 즐기는
사람이라고 말합니다. 과거와 내일이 가장 싫어하는 것이 바로

오늘입니다. 과거와 내일은 존재하는 지금을, 살아 있는 이 순간을 자꾸만 부정하기 때문입니다. 행복은, 그렇게 자신의 태도와 사유에 따라 겨울 속에서도 봄을 찾을 수 있고 어둠 속에서도 빛을 볼 수 있는 것입니다. 그것이 바로 행복의 함정입니다. 자연과 가장 모순되는 것이 있다면 바로 행복이라는 것입니다.

행복은 보이지 않습니다. 그러나 느낄 수는 있습니다. 행복은 잡을 수 없습니다. 그러나 키울 수는 있습니다. 행복은 쌓아 놓을 수 없습니다. 그러나 지금 누릴 수 있습니다. 그래서 행복은 발견이 아니라 알아차림입니다. 행복은 결과가 아니라 과정입니다. 그렇게 키우고 누리고 알아차리고, 소소한 일상에 접속하면서 하나하나 의미를 심는 일을 해야 합니다.

돌 틈에 함초롬히 핀 들꽃에도 행복이 있고, 잠깐 보이는 여우별 속에도 행복이 있고, 쏟아지는 햇발 속에도 행복이 있고, 소나기가 풀잎에 놓고 간 물방울에도 행복이 있고, 옥상에서 뽀송뽀송 말라 있는 빨래 속에도 행복이 있고, 한 권의 책과 음악 속에도 행복이 있고, 아침에 배달된 신문 속에도 행복이 있고, 누군가 보내 준 카톡의 글에도 행복이 들어 있습니다.

자연이 준 것들과 사람이 만들어 놓은 것들을 보고 듣고 느끼고 나눌 수 있다면, 행복의 물방울은 언제나 몸을 촉촉이 적시다가 마음까지 산뜻하게 만들어 줄 것입니다. 그러기 위해서 자신만의 행복사용설명서를 만들어 놓고 식탁에 붙여 놓으심 어떨까요?

상대의 마음을
읽는다는 것
.

어머니의 늘어진 젖가슴에 파묻혀 갈래머리 소녀가 된 날, 세상에서 가장 향기로운 향수가 바로 어머니의 젖내라는 걸 알았네요. 자궁에서 나와 가장 먼저 배웠던 말, 위험할 때면 자신도 모르게 튀어나오는 말! 엄마는 그렇게 꽃도 되고 약도 되고 천하장사도 되었던 나의 우주였다고 말하려니 이제 엄마가 아기처럼 되어 버렸네요.

아들 녀석 군대 보내고 친정엄마와 5년을 같이 산 적이 있습니다. 칠십 후반에도 가수 이선희 콘서트를 혼자 다녀오시는 엄마! 〈꽃보다 남자〉의 이민호와 고수, 이준기를 특히 좋아하시는 엄마의 화장대 서랍을 열어 보면 잡지에서 오린 그들의 얼굴이 가득합니다. 언젠가 고수가 나온 드라마를 보다가 내가 던진 말에….

"엄마, 요즘 고수가 좋아지려고 해."
"넌 이제냐? 엄마는 벌써 좋아했다."

이렇게 감각도 취향도 딸보다 청춘이신 어머니와 멜로드라마를 보다 보면 다툼이 벌어집니다. 주인공 남녀의 애틋한 장면이 나오면 TV 위로 걸어 놓은 아버지 초상화를 보면서 퍼붓는 비난 때문입니다.

"으이그 저 웬수, 나쁜 영감탱이! 평생 고생만 시켜 놓고 미안하단 말 한마디 없이 가다니, 내 팔자야!"
"또 시작이네, 제발 용서하세요. 아버지 돌아가신 지 15년이야."
그러면 어머니의 고왔던 모습은 어느새 마녀의 표정으로 바뀝니다.
"듣기 싫음 나가! 살아서도 아버지 편이더니 죽어서도 지 아버지 편이야?"

아버지를 향한 비난이 듣기 싫었던 제가 문을 닫고 나와서 냉수를 마시고 있으면, 어머니의 울음소리가 나지막이 들립니다. 얼마나 맺힌 한이 많으면 아버지가 돌아가신 지 15년이 되었는데도 그 설움이 마를 줄 모를까요. 순간 어머니의 서러움을 읽어 드리지 못한 것이 아파 옵니다. 다음엔 무조건 엄마 편을 들어 드리자고 말입니다. 드라마는 시작되고 엄마는 여지없이 아버

지를 욕하십니다. 그리고 나는 생각한 대로 엄마의 말을 거들어
가며 아버지를 비난했습니다.

"이렇게 고운 엄마를 고생만 시시다니, 아주 나쁜 아버지야! 아
마 구천을 헤매고 계실 걸!"
"애! 네가 아버지를 왜 욕하니? 아버지도 잘한 것도 많아."

또 핀잔만 듣고 끝난 하루. 어머니가 진정으로 원한 것은, 아버
지를 미워하는 것도, 욕하는 것도 아니었습니다. 당신의 푸념을
들어 주고 힘든 세월을 보낸 것을 알아주길 원했던 것입니다.
나는 엄마의 두 손을 꼭 잡았습니다.

"울 엄마 고생 진짜 많으셨네, 난 엄마가 자랑스러워요. 사랑해
요, 엄마!"
"아니다. 엄마가 제대로 잘해 주지 못해서 미안하다. 우주만큼
사랑한다."

어머니의 늘어진 젖가슴에 파묻혀 갈래머리 소녀가 된 날, 세상
에서 가장 향기로운 향수가 바로 어머니의 젖내라는 걸 알았네
요. 자궁에서 나와 가장 먼저 배웠던 말, 위험할 때면 자신도 모
르게 튀어나오는 말! 엄마는 그렇게 꽃도 되고 약도 되고 천하

장사도 되었던 나의 우주였다고 말하려니 이제 엄마가 아기처럼 되어 버렸습니다.

인문학을 통해 배우는 우리가 배워야 할 정신이 역지사지(易地思之)하는 마음입니다. 역지사지가 마음과 마음을 이어 주게 만드는 길이라면, 이와 반대되는 아전인수(我田引水)나 적반하장(賊反荷杖)은 인간관계의 분쟁을 키우는 불씨와 같습니다. 다툼의 원인은 상대의 입장은 무시하고 자신에게 유리한 쪽으로만 생각하거나, 잘못을 해놓고 되레 화를 내는 사람 때문입니다. 마음을 읽어 준다는 것은 상대를 무조건 이해해 주고 받아 주는 것이 아닙니다. 상대가 왜 그럴 수밖에 없었는지를 상대편에서 생각해 보는 것입니다.

땅이 있어도 도로가 없어 집을 지을 수 없는 땅을 '맹지(盲地)'라고 합니다. 사람과 사람 사이에 배려가 흐르게 하려면 길을 만들어야 합니다. 역지사지(易地思之)는 바로 사랑이 흐르는 길입니다. 긴 세월 무능력하고 무심했던 아버지를 대신해 7남매를 키우고 가르쳐야 했던 어머니의 입장을 잠깐이라도 포지션체인지(position change)할 수 있는 지혜가 있었다면…. 그 오랜 시간 동안 어머니 혼자 울게 하지는 않았을 텐데….

감정
다스리기

햇살이 물구나무를 서는 해거름 녘, 을지로 1가 지하상가를 걷는데 갑자기 앞에서 욕설이 날아왔습니다. 강의가 있는 장소를 찾기 위해 핸드폰을 보고 걸었는데, 본인의 앞을 막았다고 생각했나 봅니다. 갑자기 둔기로 머리를 얻어맞은 느낌이랄까요?

"야, ○○○년아, 앞에 똑바로 보고 다녀!"

"…?%#@$"

60대 중반의 남자, 연배도 많지만 이렇게 폭언을 퍼붓는 사람과 말씨름한다는 것이 창피해서 그 순간 눈을 딱 감고 큰 소리로 웃었습니다. 그 남자에게 하고 싶은 욕을 웃음소리로 표현한 것이라 할까요. 그렇게 미친 사람처럼 한참을 웃고 눈을 떠 보니 그 할아버지는 보이지 않았습니다.

그리고 아무 일도 없는 척 걷다가 괜히 욕을 먹었다는 화가 꼬물거려 핸드폰을 들고 통화하는 것처럼 말했습니다. "잘했어, 아주 잘 참았어! 그 인간 미친 여자를 만났다고 줄행랑친 게야." 그 순간 내가 웃음이란 감정을 선택하지 못하고 따졌다면 어찌되었을까요? 서로의 언성은 높아졌을 테고 주변 사건의 발단을 모르는 사람들의 시선은 아주 못된 여자가 할아버지에게 대든다며 인상을 찌푸리고 지나가지 않았을까요.

감정을 다스리는 평정심을 유지하려면 정서 어휘와 함께 감정적 장치가 필요합니다. 아이는 자신의 느낌을 표현할 수 없기에 고함과 울음으로 말하고, 화를 습관적으로 내는 사람은 유용한 언어를 쓰는 걸 익히지 못했기에 화를 내는 것으로 감정을 표현합니다. 만약 그때 욕쟁이 남자가 감정 표현을 할 줄 알았다면 무조건 욕을 했을까요? 울고 악을 쓰는 아이에게 어른들은 이렇게 말합니다.

"아가야, 말을 해야지 무조건 떼쓰면 네가 뭘 원하는지 모르잖아. 말을 해!"
그렇게 또박또박 언어를 쓰는 방법을 알려 주면서 아이가 화를 다스리게 만듭니다. 그러나 정작 자신이 힘들어질 때면 여러 정서 어휘를 써 가며 스스로를 달래려 하지 않습니다. 그러다 화의 불씨에 기름을 붓는 언어를 툭툭 내뱉습니다.

"아, 스트레스야!"
"짜증나, 돌아 버리겠네!"
"아이 씨, 뭘 봐요? 화내는 거 처음 봐요?"
"그 인간이 잘나가면 내 손에 장을 지진다."

이렇게 말했는데 그놈은 말대로 잘나가고 있고, 이제 내 손에
장을 지져야 하는 현실 때문에 또 화가 치밀어 오릅니다. '근주
자적(近朱者赤) 근묵자흑(近墨者黑)'이란 말처럼 화를 내는 사람과
자주 만나거나 자신 안에 자주 화가 들어 있으면 그렇게 비슷하
게 물이 들어 버립니다.

사람은 가려서 만나면 되겠지만, 못된 내 안의 우는 아이는 하
루 종일 함께 있어야 하기에 힘이 든 것입니다. 감정을 잘 다스
리다 보면 내면아이도 변하게 마련입니다. '마중지봉(麻中之蓬) 봉
생마중(蓬生麻中)'이란 말처럼 쑥이 삼밭에서 자라면 붙들어 주지
않아도 곧게 자랍니다. 나쁜 아이도 환경이 좋거나 좋은 사람을
만나면 바뀝니다.

1983년에 미국 로스앤젤레스 캘리포니아대학 의료원의 한 정신

과 의사가 그곳 한국인 교포 여성으로 자신이 화병에 걸렸다고 믿는 세 명의 환자를 치료한 결과를 미국 정신의학회지에 '화병(Hwa-Byung)'을 우리 발음으로 표기하며, '한국의 문화연계증후군(Culture-Bound Syndrome)으로 생기는 병'이라고 소개하였습니다.

한국인에 유독 많은 화병! '가슴에서 무언가 치밀어 오른다. 머리가 무겁다. 가슴이 답답하다. 심장이 터질 것 같다. 숨을 쉴수가 없다' 등의 증상으로 나타나는 화병은 결국은 시시각각 일어나는 감정의 찌꺼기를 버리지 않고 자꾸만 쌓아 놓는 데서 생기는 병입니다. 화는 무조건 참는 것이 아니라 다스리고 관리해야 화병으로 이어지지 않습니다.

화가 나거나 답답하다면 그 감정을 잘 주시했다가 밖으로 끄집어내 객관적으로 보는 연습을 해 보십시오. 그리고 마주하고 물어보세요. 왜 화가 났는지, 무엇이 힘든지, 내 밖으로 끄집어낸 화에게 이유를 말해 보게 하세요. 정신과에 다니는 대부분의 이들은 감정을 표현하는 이보다 가슴에 누르고 눌러 참아 온 사람들입니다. 화는 내 안에 우는 아이입니다. 아기가 울 때 엄마는 어떻게 하나요. 포근하게 안아 달래고 기다려 줍니다. "괜찮아, 엄마 여기 있어, 엄마 믿지!"

자기가 경험하는 문제들의 정체를 제대로 말할 수 있어야 해결점을 바로 찾을 수 있습니다. 나를 힘들게 하는 각각의 감정들에게 이름표를 붙일 수 있어도 감정으로 오는 스트레스를 줄일 수 있습니다. 말을 적절하게 잘 선택하는 사람은 토론 중에 화를 내지 않고 논리정연하게 반박합니다. 그런데 결국은 화를 내고 책상을 내려치는 사람들을 보면 감정 언어 선택에 문제가 있는 것입니다.

언어의 민첩성, 언어의 빛깔, 맛있는 언어의 선택은 분노나 화로부터 조절할 수 있고 회복할 수 있는 힘을 길러 줍니다. 완벽한 사람, 완벽한 감정 표현이 안 되더라도 자신과 타인의 감정을 기다려 주고 조절하는 힘을 길러야 합니다. 내 안에서 마주하고 있는 화에게 말할 기회를 주세요. "너 많이 힘들구나, 무엇이 힘든지 말해 볼래?"

세상을 바꾸는 에너지,
당신의 말

말은 내 안에 있을 때는 내가 지배하지만 내 밖으로 나오게 되면 말이 나를 지배합니다. 잘 익혀 나온 말은 자신과 함께하는 이들에게 희망과 용기를 주는 에너지입니다. 세상을 바꾸는 에너지, 바로 당신의 말입니다.

평창동계올림픽에 참가했던 프랑스 알파인스키 마티외 페브르 선수가 경기 후 가진 인터뷰의 말 한마디 때문에 단체전을 치르지 못하고 퇴출당하는 일이 생겼습니다. "결과에 넌덜머리가 난다. 나는 나 자신을 위해 레이스하려고 여기에 왔다. 8위가 내 월드컵 점수다. 내게 기적을 바라지 마라." 이런 발언이 문제가 되자, 그는 SNS를 통해 사과의 말을 전했습니다. 그러나 프랑스 알파인스키 감독인 다비드 샤스탕은 "마티외는 규율문제로 프랑스로 돌아가게 될 것"이라고 AFP통신에 전했습니다.

모든 스포츠 선수들이나 다른 직종의 사람들이 피나는 노력과 훈련을 감내하고 있는 그 바탕에는 자신을 위해 뛴다는 사실이 있습니다. 그러나 국가의 이름을 달고 나왔을 때는 '나를 위해 뛴다.'는 솔직한 말이 득이 되지 않습니다. 자신의 태도와 말은 곧 자국의 인성을 간접적으로 나타내기 때문입니다. 그런 점에서 볼 때 마티외 페브르는 말을 걸러서 내보내야 했습니다. 말은 듣는 이에게 소통과 공감을 부르지 못하면 그 의미가 퇴색되기 때문입니다.

- 넌덜머리가 난다. → 힘들었지만 최선을 다했다.
- 나를 위해 여기에 왔다. → 조국과 국민에게 보답하기 위해 왔다.
- 기적을 바라지 마라. → 좋은 결과를 위해 최선을 다하겠다. 응원을 바란다.

그는 자신의 속내를 이렇게 바꿔 말했어야 합니다. 말은 상대에게 감동의 파장을 줄 때 듣는 사람은 그를 통해 행복이란 동기부여를 받게 됩니다. 내 감정에 충실했어도 상대가 불쾌하고 모욕감을 느끼게 했다면 결국은 짧은 말 한마디 때문에 인성까지 추락하게 만듭니다.

말이 그토록 중요한 것은 마음의 알갱이가 '마알', 즉 말이 되어
나온 것이어서 보이지 않는 영혼을 보게 만드는 위력이 있기 때
문입니다. '촌철살인(寸鐵殺人)'이란 말은 조그만 쇠붙이로 사람을
죽인다는 뜻으로, 간단한 말로도 남을 감동시키거나 약점을 찌
를 수 있다는 뜻입니다. 돈도 안 드는 말 한마디가 왜 그렇게 힘
든 것일까요? 그것이 화법(話法)과 화술(話術)을 제대로 익히지 않
았기 때문입니다. 특히 얼굴을 보지 않고 전화 컨설팅을 하는
이들은 익명의 사람들이 내뱉는 욕설과 모욕적인 말을 듣고도
친절해야 하는 감정노동에 시달리고 있습니다.

GS 칼텍스에서 진행한 '마음-이음-연결음 캠페인'은 사람들에
게 한마디 말이 얼마나 중요한지를 일깨워 주면서 큰 성과를 보
고 있다는데요.

"착하고 성실한 우리 딸이 상담드릴 예정입니다."(아버지의 음성으로)
"사랑하는 우리 아내가 상담드릴 예정입니다."(남편의 음성으로)
"제가 세상에서 가장 좋아하는 엄마가 상담드릴 예정입니다."(딸
의 음성으로)
그리고 마지막으로 가슴을 따뜻하게 적시는 내레이션(Narration)

이 나옵니다.

'세상을 바꾸는 에너지 이미 우리 안에 있습니다.'라고….

'마음-이음-연결음 캠페인'을 하고부터 욕을 하던 사람이 줄고 "수고하십니다."라는 인사를 건네거나 "엠프가 좋지 않아 전화를 했는데 안내 멘트 때문에 화를 낼 수가 없네요."라고 말하는 고객이 늘어나 일하는 상담원들의 자존감이 훨씬 높아졌다 합니다. 상담원의 54.2%가 스트레스가 감소했고 25%나 존중받는 느낌이 들었고 25%가 친절에 대한 기대감이 증가했다고 합니다. 안내 멘트 하나 바꾼 것뿐인데 말입니다.

말은 내 안에 있을 때는 내가 지배하지만, 내 밖으로 나오게 되면 말이 나를 지배합니다. 잘 익혀 나온 말은 자신과 함께하는 이들에게 희망과 용기를 주지만 분노를 삭이지 않은 채 내뱉은 말은 사람들에게 모욕감과 상처를 줄 수도 있습니다. 내가 하는 말은 곧 나의 이미지가 되어 사람들의 기억 속에 남게 됩니다. 자신의 성장을 위해 배우는 어학이나 취미활동보다 더 많은 시간을 투자해서 화법과 화술을 익혀야 하는 이유입니다. '세상을 바꾸는 에너지, 당신의 말속에 있습니다.'

Excellent
Life!

Excellent Life! 그 키(key)는 이미 당신의 손에 있습니다. 이제 그
것을 사용하십시오.

최고의 행복, 탁월한 인생! 사람들은 누구나 최고의 인생을 살고
싶어 합니다. 그런데, 삶은 늘 그렇게 풀리지 않습니다. 하나의
문제가 해결되면 또 다른 문제가 나타나 마음의 기쁨을 느낄 시
간도 없이 걱정거리가 줄줄이 튀어나와 뇌리를 압박합니다. 이
럴 때 NLP(Neuro Linguistic Programming, 신경언어프로그래밍) 기법
을 잘 다룰 줄 안다면 문제의 실타래를 잘 풀 수 있습니다. NLP
는 1970년대에 미국에서 리처드 밴들러와 존 그린더에 의해 시작
된 심리학·언어학에 바탕을 둔 새로운 사고방식입니다.

신경과 언어는 밀접하게 연결되어 있습니다. 우리는 "마음이 움직이지 않아, 마음이 가야 할 수 있지."라는 말을 자주 합니다. 도대체 마음이 무엇일까요? 사전적 용어로는 '사람들이 본래부터 지니고 있는 성품이나 성격', '감정, 생각, 기억이 자리 잡는 공간이나 위치'라고 하고 뇌 과학자들은 '마음은 뇌가 그리는 영화관'이라고 합니다.

뇌는 마음을 움직이게 하는 영화감독과 같은 역할을 합니다. 아무리 시설 좋은 영화관이라도 영화의 시나리오가 탄탄하지 않다면, 혹은 주인공의 이미지가 좋지 않다면 많은 사람들로부터 외면받을 수밖에 없습니다. 마음 또한 좋은 영화를 상영하고 싶지만 탄탄한 시나리오를 갖고 있지 않기에 뇌에 많은 스트레스를 주게 됩니다.

사랑을 받고 싶지만 사랑을 준 기억이 없고, 선행을 하고 싶지만 행동으로 옮겼던 기억이 없습니다. 멋진 말을 하고 싶지만 커뮤니케이션스킬을 제대로 배우지 못했습니다. 사람들은 누구나 엑설런트 라이프를 누릴 수 있도록 프로그래밍이 되어 있는데, 그것을 제대로 사용할 수 있는 프로그래밍이 뇌에 입력되지 못해 탁월한 인생은 늘 타인의 드라마틱한 이야기로만 느끼고 보게 되는 것입니다.

우리도 인생이란 무대의 주인공이 될 수 있습니다. 주인공은 악인을 쓰지 않습니다. 절대 다수의 주인공은 긍정적이고 선을 지향하면서 그 선(善)을 널리 퍼트리기 위해 달려갑니다. 그렇게 가는 길에 수많은 암초를 만나고 유혹의 손길에 고민할 때면 자신이 자신에게 질문을 합니다.

"네가 가는 길이 올바른 길이냐?"
"그렇다면 왜 망설이지?"
NLP에서는 아래의 두 질문이 엑설런트 라이프를 누리기 위한 핵심 질문입니다.

"What do you want(당신은 무엇을 바라고 있습니까)?"
"What stops you(그것을 막는 것은 무엇입니까)?"

정말로 내가 원하는 것이 무엇인지를 자신에게 물어보고 원하는 것을 막는 것이 있다면 무엇인지 대답하라는 것입니다. 최고의 삶은, 최고의 결과를 목표로 하는 것이 아니라 최선을 다하는 삶입니다. 'Number 1'보다 멋진 일은 'Only 1'이고 일등이 아니라 유일한 삶이어야 합니다. 삶이란 들판에 누구나 주인공으로서의 삶을 살고 싶어 합니다. 그런데 우리 행동은 어떠한가요? 조연, 혹은 엑스트라, 방관자 역할을 하고 있으면서 주인공의 역할이 나에게 오지 않는 것을 힘들어하고 방황하고 있는 것은 아닐까요.

"What stops you(그것을 막는 것은 무엇입니까)?"라는 질문의 답에 그 원인을 타인으로 돌리면 해결의 실마리는 풀리지 않습니다. 내가 바라는 삶을 막고 있는 것은 어느 누구도 아닌 나라는 사실을 받아들여야 합니다. 바꿀 수 없는 삶이라면 받아들이십시오. 황무지를 황금 들녘으로 바꿀 수 있는 키는 오직 자신의 손에 들려 있습니다. 이제 녹슨 키를 닦아 매끄러워지도록 사용하십시오. 활기차게 살고 싶으면 당당하게 행동하십시오. 사랑받고 싶다면 먼저 사랑을 주십시오. 행복하게 살고 싶으면 상황을 따지지 말고 시원하게 웃어 보십시오. 말을 잘하고 싶으면 최고의 멘토를 정해 그의 행동과 표정과 말을 모방하십시오.

타인과 커뮤니케이션을 잘하고 싶으면 리액션, 즉 미러링(Mirroring)과 백트래킹(Backtracking)을 연습하십시오. 타인이 말할 때 그의 말을 거울 보듯 하시고, 그가 한 말 중 중요한 대목을 다시 말해 주어 상대가 내 말에 집중하고 공감하고 있다는 느낌을 주십시오. 세상에서 가장 중요한 동반자는 남편도 자식도 아닙니다. 바로 자신입니다. 자신과 더 깊게, 더 짜릿하게 연애하십시오.

Excellent Life!

그 키는 이미 당신의 손에 있습니다.

이제 그것을 사용하십시오.

복과 웃음은
연인 사이

웃는 순간 이 떨림 현상이 생기는 것. 주변까지 행복한 감정을 전염을 시키는 것. 이것이 바로 우주의 근원 에너지입니다. 웃음은 가장 우주적인 약입니다.

대한민국 사람들이 가장 좋아하는 한 글자가 무엇인지 아시나요? 바로 '복(福)'입니다. 아주 오랜 옛날부터 새해가 되면 우리나라 전 국민들은 부모님께 절을 올리며 '새해 복 많이 받으세요.'라는 말을 합니다. 그리고 지인들에게 보내는 문자 메시지에 등장하는 말, "행복하세요. 축복 드립니다."입니다. '福(복)'이란 말은 그 자체로 절대 긍정과 성취의 뜻을 내포하고 있기 때문에 남녀노소를 떠나 모두가 즐겨 쓰는 가장 일반적인 인사라고 해도 과언이 아닐 것입니다.

그렇다면 이런 복을 어떻게 하면 받을 수 있을까요? 복을 받는 가장 쉬운 방법을 우리 속담에서는 이렇게 말하고 있지요.

"웃으면 복이 와요."

왜 웃으면 복이 오는지 아십니까? 우리 몸은 세포로 구성되어 있습니다. '원자 - 분자 - 전자 - 광자', 그다음이 '파동'입니다. 웃을 때 나오는 플러스 파동은 자신의 건강은 물론 주변 사람까지 즐겁게 만들어 줍니다. 파동은 사회적으로 어떤 현상이 퍼져 주위에 그 영향을 미치는 일입니다. 파동은 주변과 닮으려는 성질이 가지고 있기 때문에 상대방의 에너지 파동이 나에게 전달되면 나의 에너지 파동도 영향을 받는 공명현상이 일어나는 것입니다. 우주 만물의 근원 에너지, 즉 생명전자의 비밀이 바로 파동입니다.

스탠포드대 의과대학 세포생물학자인 브루스 립튼(Bruce Lipton) 박사는 그의 『신념의 생물학(The Biology of Belief)』이라는 책을 통해 DNA가 우리의 생물학적 형질을 지배하는 것이 아니라 우리의 생각이 만들어 내는 반응 및 외부의 여러 신호, 즉 방사하는 에너지에 의해 DNA가 지배받고 있다는 사실을 암 환자를 치료하면서 밝혀냈습니다.

즉, 암 환자들이 '나는 낫는다, 점점 좋아지고 있다.'라는 확신을 가질 때 유전자 질서가 재배열되는 현상을 발견한 것입니다. 낫는다는 생각이 치유의 기적을 만드는 것입니다.

암울한 상황이 닥칠 때 분노와 절망, 불안과 초조함은 아드레날린, 노르아드레날린, 코르티솔 등이 분비되어 온갖 스트레스 현상을 불러오면서 심장을 압박하여 호흡이 빨라지고 혈압이 오르며 혈당수치를 높이고 대장기능을 약화시키는 이른바 질병의 도미노 현상이 일어나게 됩니다. 좋지 않은 상황이 시작된 것이 문제의 시작이라면, 문제를 받아들이는 태도로 인해 상황이 급속도로 악화될 수도 있고 반전시킬 수도 있는 것입니다.

일어난 일에 대해 냉철하게 받아들일 수 있는 마음 훈련을 해야 합니다. 웃음은 플러스 파동을 불러일으켜 몸과 마음에 에너지를 채워 줍니다. 그래서 웃음을 일소일소 일로일로(一笑一少 一怒一老)라고 했으며, 만병통치약(萬病通治藥)이라고 했습니다. 생명전자의 비밀이 바로 웃음에 있다는 것입니다.

호흡을 들이마시고 내쉬면서 아—
다시 호흡을 들이마시고 내쉬면서 하!

'아' 소리처럼 '하' 소리는 잘 이어지지 않습니다. 그래서 떨림을 주어야 합니다. 웃는 순간 몸에 떨림 현상이 생기는 것. 주변까지 전염을 시키는 것. 이것이 바로 우주의 근원 에너지입니다. 그래서 버트런드 러셀은 "웃음은 가장 값싸고 가장 효과 있는 만병통치약이며 우주적인 약"이라고 했습니다. 놀랍지 않으십니까?

톨스토이는 가장 지혜롭게 사는 삶의 징표는 바로 유쾌하게 사는 것이라고 했습니다. 그런데 왜 복도 제대로 받지 못하고 유쾌하게 살지 못하는 걸까요? 웃는 일을 연습하지 않았기 때문입니다. 웃음을 좋은 일에 나타나는 감정이라고 착각하고 살았기 때문입니다. 모든 것에는 대가를 지불해야 합니다. 그것은 감정도 마찬가지입니다.

건강하려면 운동을 꾸준히 해야 합니다.
성적을 올리기 위해서는 공부를 해야 합니다.
월급을 받기 위해서는 일을 해야 합니다.
공연을 보기 위해서는 돈을 지불해야 합니다.
높은 곳을 보려면 산을 올라야 합니다.
말을 잘하려면 스피치 연습을 해야 합니다.
지식을 쌓으려면 책을 읽어야 합니다.

기타를 배우려면 손가락에 굳은살이 박여야 합니다.

건강을 위해, 지식을 위해, 스피치를 잘하기 위해, 악기를 다루기 위해, 월급을 받기 위해서 노동과 연습, 그리고 돈이란 대가를 지불해야 합니다. 감정의 표현도 연습을 통해 자신이 원하는 방향으로 바꿀 수 있습니다. 근주자적(近朱者赤) 근묵자흑(近墨者黑)이란 말처럼 가까이하고 자주 접하는 대로 서로 물이 드는 것입니다. 복은 웃음을 좋아하고 웃음은 복을 좋아합니다. 그래서 둘은 이별이 없는 연인이랍니다.

우리 살아가는 일이 하늘을 보며 웃을 일보다
땅을 보며 울 일이 많다 하여도
마음이란 밭에 꽃씨를 뿌려야 해요
그리고 정성이란 물을 주어요.

삭풍을 홀로 이겨 낸 숲속의 제비꽃과 자작나무
바위섬의 등대와 조가비
저 강가의 가로등 그리고 빈 의자
당신을 위해 빛을 뿜어내는 삶의 눈물겨운 조연들
당신이 지켜 주세요.

밑바닥 인생에도
꽃이 필까

몸으로 말하는 삶은 눈물로 씨를 뿌립니다. 수없이 쏟아낸 눈물이 응고될 때면 싹이 트기 시작합니다. 차가운 바닥을 뚫고 나온 복수초처럼 상처로 피어 낸 꽃에서 흐르는 생명의 향기….

우리 몸을 이끌고 다니는 발, 그 발이 없으면 뜻이 있고 생각이 있어도 누군가 휠체어로 밀어 주지 않으면 한 걸음도 나가지 못합니다. 땅은 발을 받쳐 주고 그 발은 우리가 원하는 데로 이끌어 줍니다. 그러나 우리는 발바닥을 하루에 한 번도 보지 않고 지나가게 됩니다. 땅이 흔들리면 건물이나 사람들은 추풍낙엽처럼 곤두박질칠 수밖에 없습니다. 바닥이 없으면 한시도 살 수 없는 인생이지만, 인생의 밑바닥은 처절하고 암울하게 다가옵니다.

그만큼 밑바닥 인생은 빛은 없고 어둠만 존재합니다. 어둠을 더 듬어 가며 일어나야 하기에 인생의 밑바닥에 내동댕이쳐진 이들은 몸을 움직여야 합니다. 몸으로 말하는 삶은 눈물로 씨를 뿌립니다. 수없이 쏟아낸 눈물이 응고할 때면 싹이 트기 시작합니다. 차가운 바닥을 뚫고 나온 복수초처럼 상처로 피어낸 꽃에서 흐르는 생명의 향기….

히가시노 게이고의 장편소설 『나미야 잡화점의 기적』. 직업도 없고 돈도 없고 학벌도 없고 받아 주는 이들도 없는 빈집털이로 생계를 이어 가던 세 명의 젊은 친구들, 피할 곳을 찾아 들어간 낡은 잡화점에 들어서는 순간 시간과 공간이 뒤바뀌게 됩니다. 셔터 문 틈새로 떨어지는 편지를 읽다가 그들은 나미야 잡화점의 주인이 30년 전 나야미(なやみ, 괴로움·고민) 상담을 해 주었던 곳임을 알게 됩니다. 문을 열어 놓으면 시간은 현재로 돌아오지만 문을 닫는 순간 그들의 공간은 과거로 돌아갑니다. 자신의 앞가림도 못하고 절도질을 하면서 인생의 밑바닥을 전전하는 세 친구들은 편지를 보낸 이들의 고민에 서로의 의견을 모아 야단을 치기도 하고 공감도 하고 칭찬도 하면서 진솔하고 명쾌한 답을 줍니다.

"대학 중퇴라고요? 부모가 돈 다 대 주면서 어렵사리 보낸 대학을 걷어차고 예술가가 되시겠다고? 대대로 이어 온 가게를 내던지면 서까지 기타 하나로 험한 세상과 싸워 보시겠다는 거군요. 쯧쯧, 당신 좋을 대로 하세요. 어떤 충고도 해 줄 마음이 없어요."

생선가게 뮤지션의 고민은 절도로 먹고 살아야 할 자신들의 현실을 볼 때 행복한 타령 같기도 했을 것입니다. 그렇기에 그토록 따끔하게 답을 해 줄 수 있었겠지요. 그런 후 뮤지션의 길을 포기하겠다는 생선가게 뮤지션의 답장을 읽고 세 명의 친구들은 다시 답을 보냅니다.

"드디어 뮤지션의 길을 포기하셨군요. 하지만 그건 편지 쓸 때만 얼핏 해 본 생각이겠지요. 당신은 역시 뮤지션의 길을 향해 달릴 겁니다. 그 결정이 옳은 것인지 어떤지 잘 모르겠습니다. 하지만 당신이 음악 외길을 걸어간 것은 절대로 쓸모없는 일이 되지는 않습니다. 당신의 노래에 구원을 받는 사람이 있어요. 마지막까지 꼭 그걸 믿어 주세요. 마지막 순간까지 믿어야 합니다."

생선가게 뮤지션은 나미야 잡화점에 보낸 편지에 예술가의 길을 포기하겠다고 썼지만, 그가 간절히 원하는 것이 무엇인지를 절도 범들은 알고 있는 것입니다. 세 청년들이 썼던 편지의 말미에 '마지막까지 순간까지 믿어야 합니다. 자신이 선택한 길을'이라 자신을 믿어야 한다는 글을 써 나가면서 그들도 불신으로 가득 찼던 자신들에게 희망과 믿음의 길을 다듬고 있었던 것입니다.

햇살 한 줌 들어오지 않았던 밑바닥 인생, 그들의 암울한 마음에도 빛이 내리기 시작합니다. 좀도둑질로 꿈도 미래도 없이 경찰서 신세를 전전했던 자신들이 사람들에게 길을 제시하고 희망을 줄 수 있는 존재라는 걸 깨닫게 되면서 말입니다. 황현산의 산문집 『밤이 선생이다』에서 '몸으로 체득했기에 그것은 밑바닥 진실이며 마지막 진실이다. 어떤 경우에나 세상의 변화를 꾀하게 하는 힘은 이 마지막 진실에서 온다.'는 말은 밑바닥은 끝이 아니라 시작이며 변화의 시간임을 말합니다.

사람들은 밑바닥에 떨어지면 머피의 법칙(Murphy's law, 일이 잘 풀리지 않고 계속 부정적 사건만 일어나는 법칙)이나 샐리의 법칙(Sally's law, 나는 행운이 따른다)을 떠올립니다. 그러나 밑바닥 인생에도 꽃이 피는 것을 보려면 이러한 습관적인 부정과 우연한 행운을 자신에게 이입시키는 습관을 끊어야 합니다. 그리고 이제 '줄리의 법칙(Jully's law, 간절히 원하는 일은 언젠가는 이루어진다는 일종의 경험법칙)을 뇌에 저장해야 합니다. 나미야 잡화점에 머물렀던 세 청년들의 간절했던 글처럼 자신을 마지막 순간까지 꼭 믿어야 한다는 것을.

어느 정원사의
이야기

어느 마을에 한 늙은 정원사가 있었습니다. 그는 30년을 한결같이 새벽에 일어나 나무들과 이야기를 나누고 쓰다듬으며 사랑한다 말하고 칭찬을 하면서 지냈습니다. 정원사의 사랑을 듬뿍 받으며 쑥쑥 자라는 나무들의 때깔이 가을 햇살에 에메랄드빛처럼 반짝거리는 오후, 젊은 미남자가 정원을 찾았습니다. 그는 조용히 들어와 나무들을 찬찬히 살펴보더니 이윽고 정원사에게 다가와 말을 건넸습니다.

"어르신, 이곳의 나무들은 참 잘 자랐네요. 빛깔도 좋고 아주 탐스럽게 생겼어요. 특히 비결이라도 있나요?"
"특별한 비결은 없습니다. 다만 30년을 한결같이 사랑이란 물을 주고 감사란 거름을 주면서 행복한 이야기를 들려주면서 지냈죠.”

“아하, 그것이 비결이었군요. 그런데 어르신은 이곳의 주인입니까?”

“아닙니다. 저는 고용된 사람입니다.”

“그런데 어떻게 그런 마음으로 일할 수 있는 거죠?”

“그것은 전혀 어려운 일이 아닙니다. 제가 이곳에 들어온 날부터 전 이 나무들을 제 양자로 삼았기 때문입니다. 생명이 있는 것들은 사랑하는 만큼, 사랑을 돌려줍니다. 이 녀석들이 제 사랑을 알고 잘 자라 준 것이죠. 하하!”

청년과 노인의 따뜻한 대화에 주변의 나무들이 알아차린 듯 몸체에서 싱그러운 향기가 은은하게 정원을 적시고 있습니다. 마치 반 고흐가 그린 풍경화를 그곳으로 옮긴 듯, 정원의 모습이 그림입니다. 청년은 정원사의 말에 연신 감탄을 하더니 잠시 후 서류 봉투 하나를 건넸습니다. 정원사가 꺼낸 서류엔 '등기권리증'이라고 적혀 있습니다. 그런데 정원사의 눈이 동그랗게 커진 이유는 그 등기권리증 소유자의 이름에 정원사 자신의 이름이 적혀 있었기 때문이었습니다.

“아니, 이게 어떻게 된 일이지요? 왜 제 이름이….”

“전 이곳의 주인 되는 어른의 아들입니다. 한 달 전 아버지께서

돌아가셨습니다. 돌아가시기 전에 유언을 남기셨는데, 이 정원을 어르신 이름으로 바꾸라고 하셨어요. 이제 이 정원은 당신이 주인이십니다."

이 이야기를 접하며 가슴이 따뜻해지고 뇌가 맑아지고 목구멍이 울컥했습니다. 참 아름다운 사람들을 보면서 한 편의 가을 연서처럼 마음을 알싸하게 만드는 이들의 모습은 모든 이들에게 삶을 어떻게 살아야 하는지를 깨우쳐 주는 듯합니다. 정원사는 오랫동안 자식처럼 사랑한 나무들과 평생을 살게 되었고 정원에 있는 나무들도 인자한 주인과 살게 되었으니, 동성상응(同聲相應)이란 이들을 두고 말하는 것이 아닐까 싶습니다.

지금, 당신은 자신이 하고 있는 일을 얼마나 사랑하고 계시는지요. 호구지책(糊口之策)이거나 언감생심(焉敢生心)을 말하면서 불평과 열등감으로 자신의 처지를 탓하며 꿈을 포기하고 있지는 않는지요. 금방 바뀔 수 없는 현실이거나 위치라면 지금의 상황을 받아들이고 즐기는 일뿐입니다. 그리고 나와 만난 일과 사람에게 최고의 기쁨을 느끼게 해 주면 어떨까요. 정원사처럼 말입니다.

세상은 내가 아무리 힘들어해도 바뀌지 않습니다. 그러나 내가 바뀌는 순간, 세상도 나에게 손을 내밉니다. 지금 하는 일이 비록 하찮은 일이라 해도, 정성을 다하는 모습은 그림처럼 사람들의 가슴을 풋풋하게 만드는 힘이 있습니다. 점점 메말라 가는 세상, 속이고 헐뜯고 자신의 부를 위해 타인의 아픔에는 관심도 없는 사람도 많지만 다시 들여다보면, 아름답게 진솔하게 우직하게 성실하게 살아가는 사람도 참 많습니다. 정원사와 주인 그리고 그의 아들의 마음이 가을날 단풍잎을 타고 온 클래식처럼 달달하게 만들어 줍니다.

성장 마인드와
긍정 메시지

누군가 나에게 아름답다고 말할 때 나는 그 사람의 아름다운 마음을 느끼게 됩니다. 누군가 내 모습이 빛난다고 말할 때 나는 그 사람의 눈에 별이 반짝이는 것을 봅니다. 누군가 나의 행동이 멋지다고 말할 때 나는 그 사람의 마음에서 물소리를 듣습니다.

장자는 아름다움이나 추함에는 어떤 절대적인 기준이 없음을 강조합니다. 그는 춘추시대 최고의 절색이었던 서시(西施)의 아름다움을 두고 "서시는 사람들이 모두 아름답다고 여기는 대상이지만, 물고기가 그를 보면 물속에 숨고 새가 그를 보면 하늘 높이 날며 고라니나 사슴이 그를 보면 재빨리 도망친다. 사람, 물고기, 새, 사슴 가운데 누가 천하의 진정한 아름다움을 안다고하겠는가?"라고 했습니다. 재미있는 표현이지만 아름다움도 추함도 결국은 상대에 따라 달라질 수 있다는 것입니다. 아름다움은 상대적인 것이고, 나의 결점도 당당하게 받아들이면 아름다운 모습이 될 수 있습니다.

"난 내 기형의 손을 나만의 아름다움이라고 여기고 당당하게 살아왔어요."

칼라 마티스(Carla Mathis)! 그녀는 손톱의 흔적만 있는 기형의 손가락을 갖고 태어난 여자, 선천적 손발기형으로 사춘기 때까지 수차례 큰 수술을 받았던 그녀는 간신히 모양을 갖춘 손가락으로 바이올린과 피아노를 연주합니다. 음대에 진학하여 석사 학위까지 받았지만, 패션 디자인에 관심을 갖고 이미지컨설턴트의 길에 들어섭니다. 사람마다 고유의 색채와 스타일이 있다는 걸 발견하면서 사람들의 옷과 메이크업, 목소리, 화법과 매너까지 컨설팅하는 세계적인 이미지컨설턴트가 되었습니다.

"아버지는 손톱이 없는 뭉툭한 내 손끝에 분홍 매니큐어를 칠해주셨죠. 그게 내가 받은 생애 첫 이미지컨설팅이었습니다. 과거 당신의 가치를 낮게 평가하는 말들을 많이 했다면 지금부터라도 자기존중감을 높이는 연습을 해야 합니다. 나이와 환경을 생각하지 마세요. 시간은 기다려 주지 않습니다."

자신의 기형의 손을 나만의 아름다움이라고 말하는 그녀, 장애를 부끄러워하거나 숨기지 않고 외려 그것을 자신의 직업으로 삼을 수 있었던 것은 삶이 준 고통을 두려움이 아닌 성장의 발판으로 삼은 데 있습니다. 발판을 힘껏 뛰면 튕겨 오르지만 또다시 넘어질 수도 있습니다. 그러나 실패를 두려워하지 않았던 그녀의 성공에는 성장마인드가 있었기에 가능했던 것입니다.

미국 스탠퍼드대학교 심리학 교수인 캐롤 드웩(Carol Dweck)은 30년의 연구 끝에 성장 마인드를 지닌 쪽이 실제로 발전하고 있다고 밝혔습니다. 성장 마인드를 갖고 있는 사람은 스스로를 긍정의 눈으로 바라보기 때문에 신체적이든, 환경이든 악조건에도 타인을 원망하거나 탓하지 않고 스스로에게 잘될 거라는 긍정 메시지를 끊임없이 보냅니다.

하얀 병실에 누워 으스러진 척추와 싸우면서도 그림을 통해 두려움과 싸워 이겨 낸 파키스탄의 아이언우먼이라 불리는 무니바 마자리(Muniba Mazari)! 그녀는 18살에 결혼하여 2년이 지날 때쯤 남편의 졸음운전으로 자동차가 전복되는 사고를 당했습니다. 남편은 탈출에 성공했지만 차에서 나오지 못한 그녀는 갈비뼈가 부러지고 오른쪽 팔뼈 어깨의 쇄골이 짓이기는 부상을 입었습니다. 병실에서 치료를 받고 있는 그녀에게 "당신은 이제 아이를 가질 수 없다. 당신은 앞으로 걷지도 못한다. 그림도 그릴 수 없다." 의사의 말은 그녀를 절망의 나락으로 떨어지게 했습니다.

"도대체 왜 나는 살아 있는가?" 울부짖었지만 그녀는 아무도 자신의 삶을 대신할 수 없다는 것을 깨닫게 됩니다. 그녀는 이 두려움과 맞서 싸우기 시작합니다. 일어난 모든 것을 받아들이기로 했습니다. 그때 병실에서 그린 첫 작품이 〈내 죽음의 침대에서〉였는데, 그녀는 그 작품을 통해 짓눌린 자신의 마음을 꺼낼 수 있었다고 합니다. 이제부터 나를 위해 살겠다고, 누군가를 위해 완벽한 사람이 되지 않겠다고 했습니다. "이 순간을 살 것이고 두려움과 맞서 싸워 나갈 것이다."라고 선언하면서 하루에 하나씩 이겨 내겠다고 종이에 써 나갔습니다.

재혼한다는 전남편의 소식에 원망이 아닌 진심으로 행복하길 기도했습니다. 휠체어를 타고 대중 앞에 서기 위해 노력했고 버려진 아이를 입양했습니다. 작품 활동을 하면서 공중파 TV 앵커로, 여성과 아동의 목소리를 대변하기도 했습니다. 그녀의 불굴의 의지와 왕성한 활동이 세계로 알려지면서 2015년에는 BBC 선정 세계 100대 여성에 선정되기도 했습니다.

그녀는 "두려움은 자신이 만드는 허상일 뿐, 있는 그대로를 받아들여야 한다. 인생은 시험과 실험이다. 울어도 괜찮다. 그러나 포기와 죽음은 선택하지 마라. 실패는 선택해도 좋다. 실패하고 일어나고 실패하고 일어나 계속 나아가는 것이다."라고 말합니다. 곱씹을수록 다이아몬드처럼 빛나는 멋진 말이고 아이스크림처럼 맛있는 말입니다.

긍정 메시지는 뇌에 생화학적 변화를 일으켜 실제로 엔도르핀(endorphin)과 세로토닌(serotonin)이라는 긍정 호르몬을 분비시켜 몸과 마음에 많은 에너지를 줍니다. 그것이 성장의 발판이 되는 것입니다. 결국 성공과 행복의 비밀은 힘든 상황에도 스스로에게 들려준 긍정적 말의 양과 정비례한다고 볼 수 있습니다.

좌절과 절망 그리고 포기라는 것은 희망과 성장을 막는 삼종세트입니다. 그러나 그것 또한 자신의 스토리로 만들 수 있다면 성장 마인드의 발판이 됩니다. 한비자가 "많은 것을 한꺼번에 보면 눈이 분명하게 보지 못하고 많은 소리를 한꺼번에 들으려 하면 귀가 밝지 못하고 생각이 너무 지나치면 판단에 혼란이 온다."고 했듯이 우리는 어쩔 수 없는 일에 대해 너무 깊이, 너무 많이 생각하면서 파멸의 덫을 놓게 되는 것입니다. 좌절이란 산의 왼쪽에 있는 절이고, 절망이란 그 절의 방충망이고, 실패는 바느질할 때면 쓰는 것이라고 가볍게 생각할 수 있도록 노력해야 합니다.

인생을 멋지게 사는 사람은 끊임없이 자신에게 긍정 메시지를 들려주고 앞으로 나가는 사람입니다. 매 순간마다 긍정셀프토크를 통해 뇌 속에 긍정에너지발전소를 설치해야 합니다. 자기 자신에 대한 믿음과 긍정은 영혼 깊이 울림이 전해져 보다 더 매력적이고 고귀한 사람으로 만들어 주게 합니다.

화내지 않는
기술

어느 날 사악함과 교만에 빠진 한 남자가 석가모니를 찾아와 입에 담을 수 없는 욕설을 퍼부었습니다. 석가모니는 일체 대꾸를 하지 않고 잠자코 듣고 있다가 그의 폭언이 끝나자 조용히 입을 열었습니다.

"자네는 잔칫날에 손님들을 초대한 적이 있는가?"
"물론 있죠."
"그럼 그때 자네가 준비한 음식을 손님들이 먹지 않고 가면 누가 치워야 하지?"
"그야, 제가 치워야겠죠."
"난 자네가 준 욕설을 하나도 먹지 않았네, 그러니 자네가 다 가져가게."

"욕하고 음식하고 어떻게 같죠? 그리고 욕은 퍼부었으면 그만이지, 어떻게 안 먹을 수 있죠?"

"욕을 먹은 사람은 그 욕을 먹었기 때문에 속이 부글부글 끓어올라 뱉어 낼 수밖에 없지. 그래서 같이 욕하고 같이 분노하고 같이 주먹질하면서 싸우게 되는 게지. 그런 사람은 욕을 먹은 것이네. 난 욕을 먹고 싶지 않으니 자네가 도로 가져가게."

"그러면 당신은 심한 욕설을 들어도 화가 나지 않나요?"
"지혜가 있는 자에게는 분노가 없지. 바람이 거칠게 불어도 마음속에 파도가 치지 않네. 분노에 분노로 대꾸하는 것은 참으로 어리석은 자의 행동이 아닌가?"

석가모니의 이 말에 그 남자는 무릎을 꿇고 자신의 잘못을 알고 용서를 빌었다고 합니다. 모든 사람들은 행복하고 성공적인 삶을 살고 싶어 합니다. 그렇게 하기 위해서는 마음을 긍정과 열정과 온정으로 앙상블을 이루어야 합니다. 그러나 긍정적인 태도보다 먼저 다스려야 할 것이 바로 분노 관리입니다. 웃음이 만병통치약이라고 한다면, 화는 만병의 근원입니다.

동서양에서 언급된 정서나 감정이론을 보면 수백, 수천 가지의 정서들이 다섯 가지로 요약되고 있습니다. 즉 기쁨, 분노, 슬픔, 즐거움, 공포입니다. 그중에서도 사람들이 가장 많이 느끼고 접하는 감정이 분노라는 것입니다. 매사추세츠 공대 윌리엄스 박사팀과 호주 멜본대학교의 매팅글리 박사팀이 78명의 남성과 78명의 여성을 대상으로 다양한 감정을 표현한 얼굴 사진을 보여 준 뒤 피실험자들이 얼마나 빠르고 정확하게 해당 표정을 분석하는지 알아봤는데, 그 결과 화난 표정을 가장 빠르게 인지했다는 연구 결과를 발표했습니다. 이는 진화론적 관점이든, 창조론적 관점이든 우리가 가장 자주 경험하는 핵심적인 정서가 바로 분노라는 것입니다.

이처럼 분노는 인간의 생존과 존엄에 필수적인 정서이기도 합니다. 이것은, 분노하지 말라는 것이 아니라 분노해야 할 때 분노해야 한다는 것입니다. 자유를 억압하고 자신의 권리를 뺏는데 어떻게 참을 수 있겠습니까? 자신의 소중한 사람에게 상처를 주는데 어떻게 가만히 있겠습니까? 신체가 고통을 받고 있는데 어떻게 참을 수 있겠습니까? 분노해야 할 때 분노하지 않는 것은 비겁하고 굴욕적인 일입니다.

그러나 분노할 이유도 아닌데 분노를 폭발하는 사람들로 사건사고가 하루도 없는 날이 없습니다. 사과하고 끝날 일을, 입장을 바꾸면 이해할 수 있는 일을 끔찍한 사건으로 만들어 버립니다. 분노의 시작은 미미하지만 그것을 그때그때 조절하지 못하면 자신의 인생은 물론 가족과 주변을 파멸로 몰아갈 수 있습니다. 분노는 기름과 같은 역할을 합니다. 불을 조절하고 끌 수 있는 것이 '알아차림'으로 물의 역할을 하게 합니다. 분노를 잘 쓰면 순기능이 되고 열정이 되어 자신만의 삶을 멋지게 그려 나갈 수 있습니다. 자신만의 분노의 기술을 책상 앞에 적어 놓으면 어떨까요?

| 분노 관리법 5가지 |

1. 입장 바꿔 생각해 보기
2. "그럴 수도 있지."라고 마음속으로 반복하기
3. 왜 화가 나는지 순서대로 적어 보기
4. 30초의 호흡 실천하기(숨을 들이마셨다가 내쉴 때 "화가 빠져나간다." 라고 생각하기)
5. 그래도 안 되면 자리를 피하기(이때는 술로 해소하거나 친구를 만나 자극을 받는 것보다는 영화 보기, 산책, 운동이나 명상, 책을 읽는 것이 좋다)

누군가 나에게 아름답다고 말할 때
나는 그 사람의 아름다운 마음을 느끼게 됩니다.
누군가 내 모습이 빛난다고 말할 때
나는 그 사람의 눈에 별이 반짝이는 것을 봅니다.

4부

온정의
열매 나누기

좋은
사람이란

좋은 사람은 마음에 내리는 봄과 같습니다. 그들이 하는 말에는 꽃씨가 튀어나오고 그들이 하는 행동에는 따뜻한 배려가 따라다니면서 함께하는 사람에게 웃음꽃을 피우게 합니다. 내 모습이 근사하게 보이는 것은 좋은 당신 덕분입니다.

좋은 사람은 '그냥' 좋은 사람이라고 하지요. 특별한 이유가 있어서가 아니라 생각하면 보고 싶고 떠올리면 가슴이 따뜻해지는 사람 말입니다. 일상적으로 사용하는 언어나 노랫말, 그리고 시어(詩語)나 명언에는 좋은 사람이란 말이 단골 메뉴처럼 등장합니다. 우리는 그렇게 좋은 사람을 원하고 스스로도 좋은 사람이 되고자 갈망합니다.

퇴근길, 소금에 푹 절인 배추가 된 몸을 이끌고 걷다 보면, 떠올리는 것만으로도 노을빛이 되는 사람이 있습니다. 잔인한 현실에 영혼이 휘청거릴 때면 청수처럼 다가와 마음에 물길을 흐르게 하는 사람이 있습니다. 그를 우리는 '좋은 사람'이라고 말합니다.

많은 사람들은 좋은 사람을 말할 때 자신에게 잘해 주는 사람을 말합니다. 나의 이야기를 잘 들어 주고 나의 마음을 잘 이해해 주고 나의 장점을 알아주는 사람! 그런데 그 좋은 사람이 어느 날부터인가 내 이야기를 끊고 내 마음을 알아주려 하지 않고 나의 단점만을 꼭꼭 집어 말합니다. 그때부터 좋은 사람은 싫은 사람으로 바뀌어, 떠올리면 스트레스를 받게 됩니다.

어쩌면 나도 그들에게 스트레스를 주고 있는 사람은 아닐까요? 내 이야기만 늘어놓으면서 상대의 이야기에는 경청을 하지 않았는지, 내 마음을 이해해 주기를 바라면서도 상대의 마음을 아는 데 무심하지 않았는지, 나를 칭찬해 주기를 바라면서도 상대의 칭찬에는 인색하지 않았는지 되돌아볼 일입니다.

인생은 어차피 자신이 만들어 가는 무대이기에 자신의 취향대로 생각하고 판단할 수 있습니다. 그러나 그런 나의 판단이 옳은지, 어리석은지는 한 번씩 점검할 필요가 있습니다. 좋은 사람을 나의 입맛에만 맞추려고 했던 것은 아닌지 말입니다. 영화를 찍을 때 감독이 자신이 좋아하는 배우를 쓰는 것은 재량이지만, 작품의 성격과 맞지 않으면 관중들로부터 외면을 받게 됩니다. 관중이 찾지 않는 영화는 더 이상 상영할 수가 없습니다. 이때문에 감독에게 친분보다 중요한 것은 작품을 보는 시선과 배역의 적임자를 찾는 일입니다.

나와 친한 사람이라 해서 그가 다 좋은 사람일까요? 그가 좋은 사람이려면 내가 좋은 사람이어야 합니다. '유유상종(類類相從)', '초록동색(草綠同色)'이라고 했습니다. 결국은 비슷한 생각을 하는 사람끼리 어울리는 것입니다. 내가 만나는 그가 나쁜 사람이라면 그들이 좋은 사람이라고 칭찬하는 나는 좋은 사람일 수 없습니다.

자공이 공자에게 좋은 사람과 나쁜 사람에 대해 질문을 던졌습니다.
"마을 사람들이 모두 어떤 사람을 좋아한다고 하면 그는 좋은 사람입니까?"
"그것만으로 아직 좋은 사람이라고 평가하기 어렵네."

공자의 답에 자공이 재차 다시 질문을 했습니다.

"그렇다면 마을 사람들이 모두 미워하면 그 사람은 나쁜 사람입니까?"

"그것만으로 나쁜 사람이라고 평가하기 어렵네."

공자는 자공에게 '향인지선자호지(鄕人之善者好之) 기불선자오지(其不善者惡之)'면 좋은 사람이라고 말했습니다. "마을 사람들 중에 좋은 사람이 그를 좋아하고 나쁜 사람들이 그를 미워하고 있다면 그는 좋은 사람이 분명하다."는 말로 공자는 선한 사람이 좋아하면 좋은 사람이고 선하지 못한 사람이 좋아하면 나쁜 사람이라고 했습니다. 여기서 선한 사람과 선하지 않는 사람은 자신의 입맛이 아니라 '우리'라는 공동체의 이익과 가치를 중요시하는 사람입니다. 덧붙여 모든 사람에게 인기가 있을 필요는 없다는 의미도 되겠지요.

태안 앞바다에 1만 2,547㎘ 기름이 유출되면서 순식간에 죽음의 바다로 변한 사고가 있었습니다. 2007년 대형유조선과 해상 크레인 충돌로 인해 일어난 사상 최악의 해양오염 사고였습니다. 전문가들은 회복하기까지 수십 년 걸릴 것이라고 전망했는데, 사고 7년 만에 잔존 유징이 100% 사라졌습니다. 123만 명이라는 자원봉사자의 손으로 닦아 가며 청정바다를 되살린 기적이었습니다.

세상에서 가장 아름다운 사람이 있다면 바로 자원봉사자가 아닌가 생각합니다. 모두가 자신의 이익을 위해 바쁘게 살아가는 세상, 아무런 대가 없이 아픈 이웃과 건강한 사회를 위해 땀을 흘린다는 것만큼 가치 있는 일이 있겠습니까?

자신의 귀한 시간을 공동의 이익을 위해 쓸 줄 아는 사람, 조금 손해 보는 듯해도 누군가의 행복에 기꺼이 동참하는 사람, 권력을 갖고 있어도 남용하지 않고 늘 겸손한 사람, 가진 것 없어도 공짜를 바라지 않는 그 사람이 내가 될 수 있도록 매일 아침저녁 스스로에게 질문을 해 보면 어떨까요. "너는 선한 사람들에게 좋은 사람으로 기억되고 있는가?"

> 내 눈빛이 반짝이고
> 내 모습이 싱그러운 것은
> 당신의 존재 때문이에요.

> 내 발걸음이 당당하고
> 내 마음에 향기가 나는 것은
> 당신의 믿음 때문이에요.

비가 오는 날은 우산이 되고
바람 부는 날은 홀씨가 되고
햇발 부서지는 날은 그늘이 되어
한 잔의 모카커피가 되어 준

시련이 몰고 온 상처가 싹이 되고
꽃으로 피었다가
다시 열매가 되는 이 감동은
당신이 내민 사랑의 손길이에요.

아, 생각만 해도
웃음꽃이 피는 참 좋은 당신!

-참 좋은 당신 전문

나에게 반하며
살아야 하는 이유

나에 대한 부정적인 시선을 접고 나의 강점을 발견하는 순간부터 자기 자신이라는 귀한 존재와 해후를 하게 됩니다. 내면에서 일어나는 환희는 밖으로 퍼져 나가 나와 함께하는 사람들을 아름답게 바라보게 됩니다. 누군가를 아름답게 보고 있다는 것은 그의 내면에 기쁨의 파장이 흐르기 때문입니다.

당신은 스스로에게 반하고 있나요? 아름답다고 생각하려니 자꾸만 부족한 것이 떠오르나요? 나 역시 어떤 사람을 보면 부럽게 느껴지고, 또 어떤 사람을 보면 부끄럽게 느껴지기도 합니다. 부와 권력 인기를 한 몸에 지니고 있는 사람을 보면 부럽기도 합니다. 그러나 나를 부끄럽게 만드는 사람은 최악의 조건에도 불구하고 선한 영향력을 사회에 퍼트리고 있는 사람들입니다.

2005년 MBC 〈느낌표-눈을 떠요〉에 출연하여 많은 시청자들로 부터 많은 눈물샘을 자극했던 원종건 군과 그의 엄마! 남편을 잃고 심한 영양실조로 귀도 멀고 눈도 보이지 않게 된 그녀가 각막을 제공받고 수술을 하는 날이었습니다.

수술이 끝나고 눈에 감은 붕대를 풀자 눈물을 하염없이 흘리고 있는 아들이 보입니다. 그 아들을 끌어안고 엄마는 말하죠. "종건아! 우리도 좋은 일을 하며 살자. 은혜를 잊으면 안 돼!" 13살 아들은 주변 사람들에게 연신 머리를 숙이며 인사했습니다. "고맙습니다. 고맙습니다. 이 은혜 잊지 않겠습니다."

그렇게 울던 아들이 10년의 세월이 지나 잘생긴 대학생으로 성장한 모습이 전파를 탔습니다. 그동안 수백 번의 헌혈을 하고 장기기증서약은 물론, 방학이면 세계의 오지에서 봉사활동을 하면서 10년 전의 약속을 지키는 종건이의 모습에 참 잘 컸다는 생각이 듭니다. 눈이 안보여도, 귀가 안 들려도 폐휴지를 줍고 있어도 엄마가 자랑스럽다는 아들, 처음 방송이 나간 후로 각계에서 성금을 보내겠다고 했지만 종건이 엄마는 단호히 거절합니다. 외려 폐휴지를 팔고 생긴 돈 몇 만 원을 주민 센터에 기부하고 있는 모습이 얼마나 멋져 보였는지요.

"우리는 장애인 보조금으로도 살 수 있어요. 그러니 나보다 더 못한 사람에게 줘야지요."

기자도 그녀의 말에 고개를 끄덕이다가 다시 물어봅니다.

"소리도 안 들리고 다리도 불편한데 왜 밤에 박스를 줍나요?"

"그래서 교통사고도 여러 번 났어요. 하지만 낮엔 노인들이 주워 가야 해요. 내가 낮에 줍게 되면 노인들이 주울 게 없잖아요."

모전자전(母傳子傳)이랄까요. 모자의 아름다운 의식과 선한 행동이 겨울 숲에 내리는 햇살 같습니다. 돈과 외모를 행복으로 아는 사람들을, 그리고 돈의 유혹에 외모의 유혹에 자주 흔들리는 나를 부끄럽게 만들고 있는 종건이 엄마! 그녀가 들려주었던 말은 혼탁한 가슴을 청수처럼 맑게 씻어 주었습니다.

어느 날 문득 뜻대로 되지 않는 자신이 싫어질 때면 내 안에 있는 나를 향해 나지막이 들려주세요. "그래도 괜찮아, 너에게 반한 내가 있잖아!"라고 말입니다. 그때, 거울 속에 보이는 내 얼굴은 어느 때보다 빛이 나고 있을 것입니다. 지금 힘들어도, 지금 아파도, 당신이 선한 영향력을 주려고 노력하고 있다면, 이미 아름다운 사람입니다.

나에 대한 부정적인 시선을 접고 나의 강점을 발견하는 순간부터 자기 자신이라는 귀한 존재와 해후를 하게 됩니다. 내면에서 일어나는 환희는 밖으로 퍼져 나가 나와 함께하는 사람들을 아름답게 바라보게 됩니다. 누군가를 아름답게 보고 있다는 것은 그의 내면에 기쁨의 파장이 흐르기 때문입니다.

내 마음이 우울하거나 화가 나 있을 때는 타인을 아름답게 보기가 쉽지 않습니다. 잘난 것들은 잘나서 짜증나게 만들고 못난 것들은 보기 싫어 짜증납니다. 세상과 만나는 사람들을 아름답게 보기 위해서라도, 내 마음에 기쁨의 파장이 흘러야겠습니다. 그것이 바로 자신에게 반해야 하는 이유입니다.

당신은 뭘 믿고
그리 아름답죠?

○

내가 만나는 사람에게 지금 당장 해 줄 수 있는 보시(布施)는 희망
과 용기를 주는 말입니다. 향기로운 말 한마디는, 힘든 사람의 신발
에 노래를 달게 하고 외로운 사람의 마음 밭에 유채꽃을 아름드리
피어나게 합니다.

동국대학교 평생교육원 행복코치과정 1학기 수료식이 있는 날이
었습니다. 지하철 동대입구역 6번 출구로 나오면 파출소가 하나
있습니다, 그 앞을 지나가는데 파출소 앞에 서 있던 경찰관이
저를 보고 흠칫 놀라는 것입니다. 사실 일면식도 없는 경찰관이
아는 척을 할 땐 그리 유쾌하지가 않습니다.

"저, 아세요?"

"아니, 너무 아름다워서요!"
"어머나, 선생님도 내가 본 가장 멋진 분이세요."

처음 본 우리는 오랜 지인처럼 환하게 웃었습니다. 그런 일이 있은 후부터 동대 앞 파출소 앞을 지나갈 때면 그 경찰관의 얼굴이 떠올라 기분이 좋아집니다. 생면부지의 경찰관이 했던 칭찬을 새로운 곳에서 강의할 때면 곰탕처럼 우려먹었네요. 타인이 인정하는 아름다운 여인이라고…. 아니, 나를 아름답게 봐준 그 경찰관의 마음이 멋지다는 것을 말하고 싶은지도 모릅니다. 사람을 기쁘게 하는 일은 돈이 들지 않습니다. 타인이든 동료든 비즈니스로 만난 관계가 아니면 무엇을 요구하겠습니까? 따뜻한 칭찬 한마디면 충분한 걸요.

내가 만나는 사람에게 지금 당장 해 줄 수 있는 보시(布施)는 희망과 용기를 주는 말입니다. 향기로운 말 한마디는, 힘든 사람의 신발에 노래를 달게 하고 외로운 사람의 마음 밭에 유채꽃을 아름드리 피어나게 합니다.

수사학의 대가 루트비히 비트겐슈타인(Ludwig Wittgenstein)은 "언어는 그림이다. 우리 언어의 한계가 내 세상의 한계다."고 했습니다. 당신이 사용하는 언어를 점검해 보십시오. 내가 선택한 언어가 그림처럼 아름답게 느껴지는가? 나의 말에 꿈과 용기와 사랑을 담고 있나? 우울함과 절망과 미움을 담고 있지는 않은가? 내가 하는 말에 희망의 옷을 입혀야 합니다. 상대에게 그 말이 진실로 느껴지도록 말입니다.

행복한 사람처럼 말하고 행동하십시오.
행복이란 근육이 생깁니다.
성공한 사람처럼 말하고 행동하십시오.
당당한 모습이 만들어집니다.
따뜻한 사람처럼 말하고 행동하십시오.
사람을 존중하는 습관이 생깁니다.
친절한 사람처럼 말하고 행동하십시오.
사람들이 좋아하게 됩니다.

혹, 누군가는 가식이 아니냐고 반문할 수도 있겠지요. 그러나 그것은 삶에 수동적으로 살겠다는 변명일 뿐입니다. 지식을 쌓기 위해 독서를 하고, 악기를 다루기 위해 수없이 연습하고 몸을 아름답게 하기 위해 트레이닝 받는 것처럼 악의가 없는 말, 선하게 보이려는 행동은 마음의 근육을 키우는 마인드빌딩(Mind Building)과 같은 일입니다.

기분과 감정을 바꾸는 일은 행동이 따르지 않으면 변화가 어렵습니다. "즐겁게 살아야지, 즐기며 살아야지!" 수백 번 생각하는 것보다 "와우! 오늘도 선물 같은 삶이야!" 큰 소리로 말하고 시원하게 웃는 것이 감정을 바꾸기가 더 쉽다는 것입니다.

세계적인 신경과학자 캔데이스 퍼트(Candace Pert) 박사는 "우리가 보내는 화학적 메시지는 우리 몸에 들어가 춤을 추듯이 진동하며 반응한다."고 말합니다. 우리가 어떤 생각을 하고 감정을 느끼게 되면 대뇌변연계에서 감정을 접수하고 대뇌의 시상하부를 자극, 시상하부에서는 다시 뇌하수체로 보낸 다음 불과 몇 초 만에 혈액을 타고 온몸으로 전해집니다. 이것이 몸과 마음이 하나가 되는 과정입니다.

"I am beautiful as I am."
나는 존재로 아름답다. 이제 이 말을 자신에게 자주 표현해 주십시오. 그리고 타인을 만나면 꼭 물어보세요. "당신은 뭘 믿고 그리 아름다우신가요?"라고 말입니다.
"What do you believe in, and you are so beautiful?"

•

유쾌한 삶을 위한
솔루션

○

길을 걸을 때면 길 위의 풍경을 즐기십시오. 햇빛을 마시고 있는 플라타너스들, 전깃줄에 앉아 노래하는 까치와 담벼락에 함초롬히 핀 능소화, 상큼한 그녀들의 수다, 자전거 따르릉 소리, 바람 소리 이 모두가 내가 살아 있다는 일상의 풍경입니다. 내 옆을 스쳐가는 귀한 인연의 사람들에게 손 내미는 것을 망설이지 마세요.

구름 한 점 없는 청잣빛 하늘과, 물고기가 유영하는 모습이 비치는 은빛 강물, 그리고 청아한 새소리처럼, 맑고 상쾌한 기분으로 하루를 보낼 수 있다면 얼마나 좋을까요? 그런데 우리의 삶은 그렇지가 않습니다.

하나의 문제를 해결하면 또 하나의 문제가 복병처럼 튀어나와 마음에 돌덩이를 내려놓지 못할 때가 많기 때문입니다. 그렇게 허우적거리다 보면 어느새 밤바람이 살갗을 파고들어 우울한 짐덩어리를 머리에 이고 퇴근을 합니다. 몸은 어느새 소금에 절인 배추 꼴이 되어 후회라는 이름의 커튼을 드리우게 됩니다. 사실, 일이 잘 풀리지 않을 때, 금전적으로 조여 올 때, 미운 사람이 떠오를 때, 머리가 지끈 거릴 때, 유쾌한 생각을 한다는 것은 쉬운 일이 아닙니다. 그럴 때마다 스트레스와 동거하지는 않는가요?

응용심리학의 거장인 윌리엄 제임스는 자신의 감정이론(Theory of Emotion)을 통해 인간은 슬프기 때문에 울고 무섭기 때문에 떤다는 당연하게 여긴 상식에 이의를 제기했습니다. '울기 때문에 슬프고, 떨기 때문에 무섭다.'는 것이 더 합리적인 설명이라는 것입니다. 감정은 순전히 몸에서 기원하는 본능적인 것이지, 정신에서 기원하는 인지적인 것이 아니라는 이야기입니다. 이는, 유쾌한 삶을 살기 위해서는 감정이 먼저가 아니라 행동이 먼저라는 것입니다. 유쾌한 삶을 위해서는 반드시 3가지를 선택하고 연습해야 합니다.

1. 긍정셀프토크
모두가 나에게 등을 돌리고 떠난 자리…. 혼자라는 생각으로 치를 떠는 고독감을 느껴 본 적이 있으신가요. 한 잔의 술을 마시고도 잠이 오지 않아 수면제를 먹었지만 수많은 생각을 내려놓지 못하고 구석에 웅크리고 앉아 가슴을 칠 때가 있지 않았던가요? 그때부터 내 안의 나는 주인의 눈치를 보면서 병들어 가게 됩니다. 우리가 하는 생각 그리고 감정은 대뇌변연계를 거쳐 뇌간으로 들어가 무의식창고에 저장됩니다. 반복된 생각은 어느새 습관적으로 튀어나와 불면의 밤을 만들고 맙니다.

두려울 때면, 자신과 큰소리로 대화를 하십시오. 노래를 불러도 좋고, 콧소리로 흥얼거려도 좋습니다. 주의할 점은 마음속에서는 부정적인 생각이 꾸물거려도 입 밖으로 낼 때는 반드시 긍정적으로 이야기해야 한다는 것입니다.

"으이그 ! 난 왜 이 모양이지?"
"죽겠네, 제대로 하는 것이 없군!"
"아휴! 짜증나!"
이런 습관적인 말을 뇌간에서 내보내야 합니다. 수없이 내가 나에게 들려주었던 부정적인 말들이 불안한 자신을 만들었던 것입니다. 평소에 내가 나에게 했던 말들을 점검해 보십시오. 그리고 불평이 튀어나올 때마다 외치십시오.

"그만해! Stop Whining!"
세 번 큰 소리로 반복해 주세요. 그리고 이어서,
"괜찮아, 힘내! I'm fine, All right!"
이라고 말해 주셔야 합니다.

부정과 걱정으로 일관된 말은 나에게 하는 저주의 말과 다름없습니다. 수없이 자주 했던 말들의 빛깔에 따라 나의 모습이 만들어지는 것입니다. 이 때문에 슬퍼도 기쁜 척해야 하는 것, 무서워도 당당한 척해야 하는 것, 짜증나도 평화로운 척해야 하는 것이 바로 뇌의 저장원리입니다. 뇌는 스스로 가려서 받을 수 없다는 것, 뇌는 내 감정이 보내는 것을 그대로 저장해 버리기 때문입니다. 그래서 감정을 바꾸는 일은 위선이 아니라 건강을 위한 마음 수업입니다.

아침에 일어나면 반드시 복식호흡을 하십시오. 그리고 가슴에 손을 얹고 자신과의 3분 긍정대화를 나누십시오.

나의 새로운 하루가 시작되었습니다.
나는 깨어 있는 이 시간이 행복합니다.
나는 오늘도 좋은 생각! 좋은 말만 하겠습니다.
나는 꿈이 있고 목표가 있습니다.

나는 나에게 일어나는 모든 일을 받아들이겠습니다.

나는 감사를 애인으로 만들겠습니다.

나는 매일 웃음을 선택합니다.

나는 도전을 즐기겠습니다.

나는 나를 믿습니다. 나는 점점 더 좋아지고 있습니다.

○○○아! 사랑한다. 사랑한다.

2. 웃음을 무조건 선택하라

행복해서 웃는 것이 아닙니다. 돈이 많아서 웃는 것이 아닙니다. 복이 많아서 웃는 것이 아닙니다. 건강해서 웃는 것이 아닙니다. 웃다 보면 행복해집니다. 웃다 보면 자신감이 생깁니다. 웃으면 복이 오고 건강해지는 것입니다. 이는 웃음이 갖고 있는 긍정파동의 속성입니다.

우리가 느끼는 감정은 삶의 형태를 만드는 중요한 역할을 합니다. 분노의 감정을 자주 표현하면 삶이 어둡거나 비관적이고 암울하게 보이게 되어 있고, 기쁨의 감정을 자주 느끼면 삶은 희망적이고 가치 있게 느껴집니다. 우리가 여행을 통해 배우는 것 또한 새로운 풍경을 찾는 것이 아니라 새로운 눈을 갖는 데 있습니다. 유쾌한 삶을 위해서는 성공과 행복의 상징으로 떠오르는 돈과 건강, 재능과 미모 그리고 가족과 친구 등의 외적 추구에서 벗어나야 합니다.

유쾌함이란 자칫 외부로부터 오는 것 같지만, 사실은 내부에서 쉼 없이 조종을 하고 있습니다. 사람의 뇌는 3층 뇌로 되어 있습니다. 신피질(대뇌피질), 구피질(대뇌변연계), 뇌간(파충류뇌)으로 구성되어 있습니다. 사람을 변화시키기 위해서는 신피질과 구피질을 뚫고 뇌간(생명호흡을 관장하는 뇌)에 변화를 주어야 합니다. 그렇기 때문에 신피질과 구피질이란 영역을 뚫고 들어갈 수 있는 전략적인 프로세스가 있어야 합니다. 우리가 무수하게 했던 부정적인 말들이 떨어지는 물처럼 대뇌변연계를 통해 뇌간의 무의식창고에 저장되어, 나는 어느새 내가 원하는 사람으로 만들어지는 것입니다.

윌리엄 제임스(William James, 1842~1910)는 "쾌활성을 잃었을 때, 자력으로 그것을 회복할 수 있는 가장 좋은 방법은 쾌활한 마음 자세를 갖고 유쾌한 것처럼 말하고 행동하는 것이다. 감정은 순전히 몸에서 기원하는 본능적인 것이지, 정신에서 기원하는 인지적인 것이 아니라는 것이다."라는 말로 감정이 몸을 따라간다고 했습니다. '구슬이 서 말이라도 꿰어야 보배'라는 속담처럼 많은 생각보다 한 번의 행동이 더 중요한 이유입니다.

3. 지금, 온 마음을 바쳐라

시인 헨리는 "나야말로 내 운명의 지배자이며 내 영혼의 선장이다."라고 했습니다.

길을 걸을 때면 길 위의 풍경을 즐기십시오. 햇빛을 마시고 있는 플라타너스들, 전깃줄에 앉아 노래하는 까치와 담벼락에 함초롬히 핀 능소화, 상큼한 그녀들의 수다, 자전거 따르릉 소리, 바람 소리, 이 모두가 살아 있다는 일상의 풍경입니다. 그리고 내 옆을 스쳐 가는 귀한 인연의 사람들에게 손을 내미는 것 망설이지 마세요. 빵집에 왔을 땐 빵 냄새를 느끼고, 책방에 왔을 땐 책의 향기를 느끼고, 카페에 왔을 땐 은은한 차향을 느끼며 내 영혼에게 소소한 기쁨을 전해 주세요.

"어떻게 그게 쉬운가요?라고 묻고 싶나요. 월세를 지불해야 하고, 보험료를 내야 하고, 학비를 준비해야 하고, 몸은 아픈데 빚은 쌓여 가고…. 그런데 말입니다. 불평을 찾는 순간 자동차 접촉사고를 내게 되고, 중요한 서류를 분실하거나 발표를 망치게 되고, 등산을 하다 실족하게 되고, 만나는 이의 아킬레스건을 건드리는 말로 상처를 주게 됩니다. 육신에 마음을 주지 않으면 혼이 빠져나가면서 일어나는 사고입니다.

몸에서 영혼이 없는 이를 두고 '얼빠진 인간'이라고 합니다. 영혼이 몸을 지키지 않으면서부터 질병들이 비집고 들어오게 되어 있는 것입니다. 스토아학파 철학자 에픽테토스(Epictetus, 55~135)의 "육체의 종양이나 농창을 제거하기보다 마음속에서 나쁜 생각을 물리치도록 힘써라."라는 말 또한 나쁜 생각이 얼마나 해로운가를 말해 준 것이지요. 불평·불만·걱정·근심은 영혼을 떠돌게 하여 면역체를 죽이고 세포를 병들게 만드는 4종 세트입니다.

스트레스의 천적이 웃음이듯, 불평의 천적은 감사입니다. 쉬울 것 같은 감사가 쉽지 않게 느껴지는 것은, 감사란 순간적으로 나오는 것이 아니라 배양되는 특성을 갖고 있기 때문입니다. 운동으로 몸의 근육을 키우듯 책을 읽으며 지식의 근육을 키우듯 감사를 통해 삶을 보다 긍정으로 보는 마음 근육을 키워야 합니다. 당장 감사의 혁명을 일으켜야 합니다. 힘들었던 과거와 두려운 미래는 생각하지 마십시오. 과거는 고체이고 미래는 기체이고 지금만이 액체입니다. 내 몸속 혈관 곳곳에 감사의 물길이 흐를 수 있도록 지금 온 마음을 바쳐 즐기십시오. 이때부터 당신의 인생은 시작입니다.

Just do it! / Do it Now! / Carpe Diem!

상대를 돋보이게
하는 마음

흐르는 눈물로 씨를 뿌리고 걸림이라는 거름을 주면서 도전과 배려라는 향기를 내가 숨 쉬는 곳마다 뿌리다 보면 당신이 가꾸고 있는 공간이 모네의 풍경처럼 그윽하지 않을까요.

네덜란드 장거리 전설 스타였던 밥데용, 그가 인천국제공항 입국장으로 들어설 때 10,000m 금메달리스트인 이승훈 선수가 꽃다발을 주며 포옹을 합니다. 참 많이 낯이 익다 싶었는데 2010년 밴쿠버 올림픽대회 스피드스케이트 10,000m 경기에서 금메달을 딴 이승훈 선수를 번쩍 들어 올려 무등을 태웠던 장본인이었습니다. 그 모습은 한국은 물론 많은 세계 스포츠팬들에게 놀라움과 감동을 주었던 장면이었습니다. 그가 한국 빙상 팀 코치로 오게 되었다니 특별한 인연인 듯합니다.

스포츠 경기는 모든 스포트라이트(spotlight)가 금메달에게 터지고 무대는 일등을 위한 축제의 장으로 바뀝니다. 이 때문에 상대의 실수가 나에게 승리가 되고, 상대의 기록이 떨어지는 것이 나에게 행복이 되는 샤덴프로이데(Schadenfreude, 불행을 기뻐하는 마음) 심리가 작동하는 곳이 스포츠 경기장일 듯싶습니다. 그런 샤덴프로이데 심리를 이겨 내고 승자를 돋보이게 하고 자신을 낮추었던 밥데용은 많은 이들에게 따뜻한 인성을 보여 준 행동이었습니다.

입국장에 들어선 그에게 몰려든 기자는 "밴쿠버 올림픽 당시 이승훈 선수를 무등을 태우셨는데 어떤 생각으로 그랬습니까?"하고 물어봤습니다.

"아, 그건 1등을 한 이승훈 선수의 키가 세 사람 중 가장 작았어요. 그래서 그를 돋보이게 하려고 무등을 태웠죠. 지금도 잘했다고 생각하고 있고 저에게도 좋은 기억으로 남아 있습니다."

짧은 이 말을 듣는데 가슴이 뭉클해집니다. 승자에게는 겸손함을, 패자에게는 당당함을 보여 준 밥데용은 비록 스포츠 경기에서는 졌어도 인생에서는 승자가 아닐까요? 사람의 인성은 위기에 처할 때 나타납니다. 상황이 좋거나 일이 잘 풀릴 때는 모두가 넉넉할 수 있습니다. 그러나 궁지로 몰리거나 힘들어질 때면 그의 본성이 드러나게 됩니다. 아픔만큼 성숙해진다는 생각은 잘할 수 있지만, 그런 상황이 나에게 오면 결코 쉽지만은 않습니다.

인성을 좋게 하려면 결과보다 과정에서, 채움보다 비움에서, 최고보다 최선에서, 'Number one'이 아니라 'Only one'을, 나만을 돋보이게 하는 것이 아니라 함께 돋보이게 할 수 있도록 생각하고 느끼고 행동할 수 있도록 끊임없이 훈련해야 합니다. 불편한 대로 모자란 대로 받아들이면서 함께하는 이들을 돋보이게 할 수 있다면, 어느 순간에 소망했던 일들이 하나둘 이루어지기 시작합니다. 당신의 모습과 인성에서 사람들의 마음의 문이 열리기 때문입니다.

고대 그리스의 철학자이자 객관적 관념론의 창시자인 플라톤(Platon)이 말하는 행복이란 조건을 들여다볼까요?

1. 먹고 입고 사고 싶은 것을 사기에 조금 부족한 재산
2. 모든 사람이 칭찬하기에 약간 부족한 외모
3. 내가 자신하고 있는 것에서 절반 정도의 명예
4. 겨루었을 때 한 사람한테는 이기고 두 사람한테는 지는 건강
5. 연설 후 절반가량이 박수칠 정도의 말솜씨

일본 내쇼날 상표 창업자인 '마쓰시다 고노스케'는 570개의 계열사와 13만 명의 직원을 둔 일본의 경영의 신이라 불리는 사람입니다. 그는 기자들이 묻는 성공의 요소에 대해 다음과 같이 말해 세상 사람들을 놀라게 했습니다.

"가난한 것, 못 배운 것, 허약한 것!"
고노스케는 가난했기에 돈의 소중함을 알았고 못 배웠기에 평생 배움을 잃지 않았고 허약했기에 건강의 중요성을 깨우쳤다고 합니다.

플라톤과 마쓰시다 고노스케가 말하는 성공과 행복의 공통점은 '결핍'과 '배려'입니다. 가진 것이 없는데 어떻게 배려가 생기냐고 말하는 이들에겐 이들의 행복철학이 먼 나라 이야기처럼 들릴지 모르겠지만, 부족하기만 하고 아무것도 없는 사람에게 이보다 더 명쾌한 해답은 없습니다.

흐르는 눈물로 씨를 뿌리고 결핍이란 거름을 주면서 도전과 배려라는 향기를 내가 숨 쉬는 곳마다 뿌리다 보면 당신이 가꾸고 있는 공간이 모네의 풍경처럼 그윽하지 않을까요. 아, 어느새 당신의 몸에서 향기가 나네요. Your body smells good!

효자 새 까마귀와
심플한 아들

°

2017년 1월 말 경주터미널에 도착할 때쯤 하늘을 뒤덮은 수 만 마리의 까마귀들이 해질녘 노을과 앙상블을 이루어 군무를 연출하고 있습니다. 그런 모습을 처음 봤기에 황홀할 정도로 장관이었습니다. 그 장엄한 풍경을 보면서 까마귀는 왜 사람들에게 미움을 받는 새가 되었을까 하는 궁금증이 생겼습니다.

『삼국유사』 1권 「사금갑조(射琴匣條)」에 따르면 488년 (신라 소지왕 10) 까마귀가 왕을 어딘가로 인도했는데, 궁주(宮主)와 중이 간통을 하고 있는 것을 찾아내 처단했다고 합니다. 그 후로 까마귀가 날아오면 변고가 생길 수도 있다고 유래하기도 합니다. 또 다른 이야기로는, 송장 냄새를 제일 먼저 맡은 까마귀가 저승에 갈 사람을 데리러 왔다가 이름을 까먹어 아무나 데려가는 바람에 사람의 명이 바뀌었다는 설도 있습니다.

까마귀는 '까먹다'와 발음이 비슷해 건망증과 문맹의 상징으로 여겨지기도 했습니다. 그래서 '까마귀가 울면 재수가 없다. 까마귀가 오면 망조가 든다. 까마귀고기 먹었니?'와 같이 좋지 않는 상황을 말할 때 빗대는 흉조(凶鳥)가 되었습니다.

그러나 까마귀의 지능은 6살 아이를 상회하는 수준으로 높고 부피 개념과 시간의 흐름을 인지하고, 자기 자신을 알아보며, 고유의 언어도 있는 것으로 밝혀졌습니다. 또한 삼족오(三足鳥, 세 발 달린 까마귀)라고 태양의 정기가 뭉쳐서 생긴 신비한 새로 우리 민족에게 신성시된 존재입니다. 이것은 까마귀가 저승과 이승을 연결하는 상징적인 존재로서 여겨졌기 때문입니다.

까마귀는 한자어로 오(烏)·효조(孝鳥)·오아(烏鴉)라고도 합니다. 부모가 죽을 때까지 부모 곁을 떠나지 않고 힘이 빠진 부모에게 먹이를 주는 효자 새인 반효조(伴孝鳥)가 바로 까마귀입니다. 효도하는 새라는 까마귀 떼를 보면서 베이비붐(baby boom) 세대가 감당해야 할 몫이 무거워지기도 합니다.

베이비붐 세대는 부모님께 효도하는 마지막 세대면서 자식들에게 버림받는 첫 세대이기도 합니다. 그래서인지 요즘의 시니어들은 자신의 미래를 스스로 책임지기 위해 '앙코르 커리어(Encore career)'나 '프리 워커(free worker)' 같은 평생현역으로 자유롭게 살기 위해 구슬땀을 흘립니다.

아들 녀석이 디자인 공부를 하기 위해 일본 유학을 떠날 때 내게 한 말입니다.
"이제 엄마도 하고 싶은 일을 하세요. 그리고 나중에 '엄마가 어떻게 키웠는데' 이 말만은 하지 마시구요."

부모들은 자식이 서운하게 할 때 이런 말을 자주 했습니다. "엄마가 어떻게 키웠는데 네가 그럴 수 있니?" 이렇게 나오면 대들다가도 찍소리를 못했습니다. 우리의 어머니들은 일제시대와 6·25전쟁을 겪고 숱한 고생을 감내하면서 키웠던 시절이었으니까요. 근데 아들은 이런 말을 하지 말라고 선포를 하는 것입니다. 시대가 바뀌면 사유하는 방법도 대응하는 방법도 변화에 따라가야 합니다. 그렇게 5년을 공부하고 돌아와 가죽공방을 운영하면서 밤낮없이 일을 하며 자신의 꿈을 위해 뛰고 있는 아들, 녀석의 입장을 모르는 것은 아니나 전화가 없는 아들 녀석에게 한마디 했습니다.

"전화 한 번씩 주면 안 되니?"

"참! 누가 먼저 하면 어때요?"

헛웃음이 나오는 답변인데 듣고 보니 맞는 말입니다. 신세대 엄마로 보이려면 끊임없이 비우고 내려놓아야 할 것 같습니다. 소통(疏通)의 책임은 힘이 있는 자, 가진 것이 많은 자에게 있습니다. 집이나 직장에서 단체 활동이나 모임에서 부모라는 이유로, 선배라는 이유로, 지위가 높다는 이유로, 돈이 많다는 이유를 내세워 가며 예의나 양보는 낮은 사람의 책임으로 몰아붙입니다. 그러한 언행은 갑과 을의 거리를 견고한 벽으로 막고 소통을 단절하게 만들고 불신을 조장합니다.

물길이 위에서 아래로 흐르듯 큰 그릇이 작은 그릇을 덮듯 강물이 시냇물을 흡수하듯, 변화는 권력과 부를 가진 자, 많이 배우고 생의 경험이 많은 자들로부터 시작됩니다. 세상은 끊임없이 약자에게 바뀌라고 하지만 희망과 용기의 바람은 힘이 있는 사람에서 시작이 됩니다.

까마귀가 반효조(伴孝鳥)임을 부러워하지 말고, 나는 부모에게 까마귀였나 생각하니 부끄러운 마음입니다. 조금 주고 많이 받기를 원했던 삶이 아닌지, 공짜를 내심 원했던 삶은 아닌지….

○ 마음 정원 ○

내 삶을
명작으로 만들기
○

"내 속에서 솟아 나오려는 것, 바로 그것을 나는 살아 보려고 했다. 왜 그것이 그토록 어려웠을까?"

헤르만 헤세(Hermann Hesse)의 『데미안』에 나오는 글귀가 심장을 강타하듯 전율해 옵니다. 지천명 끝자락에 접어들어서 생각해 보니 사랑도, 일도, 꿈도 내 속에서 솟아 나오는 것을 한 번도 제대로 해 보지 못했던 것 같습니다. 왜 그것이 그토록 힘겨웠던 것인지 한없이 초라해지는 마음에 대한 위로를, 헤세가 140년을 거슬러 들려주는 이 명쾌한 말을 곱씹으며 삶은 자신에게로 이르는 길을 위한 긴 여정이고 그 길을 지치지 않고 걷는 것인 듯싶습니다.

"당신 인생의 주인공은 누굽니까?"

누군가 이렇게 물어오면, 누구나 "내 인생의 주인은 당연히 나지요!"라고 대답할 것입니다. 그러나 많은 사람들이 말은 그렇게 해도 늘 조연이나 단역에 어울리는 생각과 행동을 하고 있습니다. 삶의 주도권을 스스로 컨트롤하지 못한 채 세상에, 회사에, 부모에게, 자식에게, 타인에게 맡긴 채 일어나는 부정적 요인에 대해서는 '흙 수저로 태어난 운명인 걸!', '내 힘으로는 어쩔 수 없어!'라며 쉽게 체념하고 살지는 않는지요.

잡코리아 좋은일연구소에서 전국 4년제 재학 중인 남녀 528명에게 대학생활 만족도를 조사했는데, 50.6%가 불행하다는 조사 결과가 나왔습니다. 그 이유로는 학비 마련 부담 44.2%, 취업 걱정 36.3%, 즉 80.5%가 취업과 학비 마련으로 인해 행복하지 않다는 이야기입니다. 이 문제는 고민만으로 절대 해결되지 않습니다. 결국은 브랜드 가치가 있는 나로 만들어야 하는 문제입니다. 지금의 나를 잘 팔릴 수 있는 나, 가치 있는 나로 가꾸어야 한다는 것이지요.

돈과 취업은 선행조건이 아닙니다. 기업에서 스스로 불행하다는 사람을 채용하겠습니까? 취업을 해야 돈을 벌 수 있고 그래야 빚을 갚을 수 있다면 방법은 하나뿐입니다. 나를 잘 팔리는 사람, 가치 있는 사람으로 만들어야 하는 것입니다. 연장도구는 쓰임새 있는 모습으로 태어나기 위해 1,300~1,500도의 열에 자신의 몸을 녹여야 합니다. 『데미안』에 나오는 말을 가슴에 문신으로 새기며 자신을 옭아매고 있는 행동과 언어습관의 고리를 잘라 내야 합니다.

"새는 알에서 나오려고 투쟁한다. 알은 세계이다. 태어나려는 자는 하나의 세계를 깨뜨려야 한다."

1. 주체적인 삶을 살아라!

스스로에게 만족하는가? 이렇게 질문을 하면 많은 사람들이 바로 '네 만족합니다.'라고 말이 나오지 않는 이유는 무엇일까요? 갈망했던 일, 하고 싶은 일을 하기보다 호구지책으로 어쩔 수 없이 하기 때문입니다. 그렇다면 원했던 일을 이루어 낸 사람은 행복한 감정이 지속될까요? 우리는 저명한 기업인이나 권력자나 연예인들의 비참한 죽음을 접해 왔습니다. 그것이 행복의 함정입니다.

행복은 돈과 권력과 인기의 문제가 아니라 내 삶의 태도와 사유의 문제이기 때문입니다. 나를 바꾸고 싶다면, 내 삶의 주인으로 살고 싶다면 나 자신을 있는 그대로 받아들여야 합니다. 생김새도, 부모도, 현재의 환경도, 내가 갖고 있는 병증세조차도 말입니다. 인생을 주체적으로 사는 데는 책임의식이 따릅니다. 책임을 지지 않는다는 것은 생의 노예일 뿐입니다. 행동은 하인처럼 하면서 마음은 늘 주인이 되고 싶어 하지는 않았는지요? 인생은 선택과 책임으로 만들어지는 예술입니다. 프랑스 작가이자 철학자인 장 폴 사르트르(Jean-Paul Sartre)는 인생을 'Birth'와 'Death' 사이의 'Choice'라고 했습니다.

세계적인 바이올린 연주가 이작 펄만(Itzhak Perlman)은 "인생의 키워드를 한 단어로 말하라면 연습이다."라고 했습니다. 인생은 선택과 연습 그리고 책임으로 만들어집니다. 그것이 앙상블이 될 때 그의 삶은 불후의 명작으로 남게 됩니다. 선택과 연습의 양에 따라 삶의 운명이 바뀌는 것입니다. 삶이란 내게 일어난 일 10%와 그에 대한 나의 반응 90%로 이루어지는 것입니다.

배가 목적지에 잘 도착하려면 나침반과 위치 정보를 알아야 합니다. 나침반이 없으면 나아갈 수 없으며, 내가 누구인지 모르면 방향을 잡을 수 없습니다. 나침반은 비전이고 위치 정보는 나에 대한 정보입니다. 내가 누구인지, 내가 원하는 것이 무엇인지, 나는 어떻게 살고 싶은지를 아는 것이 먼저입니다. 따라서 삶을 명작으로 만들기 위한 첫 번째 열쇠는 선택과 책임을 통해 스스로 주인임을 깨닫는 일입니다.

2. 공짜는 없다

인생이라는 거친 들판에서 살아남으려면 요행을 바라지 않아야 합니다. 콩 심은 데 콩 나고 팥 심은 데 팥 나는 것입니다. 세상에 공짜는 없습니다. 공짜가 있다면 타고난 생김새나 부모가 물려준 재산뿐입니다. 그렇다고 가난한 부모를 부정한다면 나란 존재는 없습니다.

키가 작든 못생겼든 장애를 갖고 태어났든 머리가 나쁘든 나의 생명은 그렇게 만들어진 것입니다. 나를 부정하면 생명을 부정하는 것입니다. 받아들이지 못하면 불평과 불만이 쌓여 요행을 바라거나 남의 것을 탐하게 됩니다. 땀의 수고 없이 받았던 돈이나 지위는 잠시 행복할지 모르지만, 결말은 파멸입니다.

공짜를 바라지 않게 되면 남의 눈치를 볼 필요가 없습니다. 강자에게 비굴하게 행동할 필요도 없고 부정과 부패의 고리와 얽힐 이유도 없습니다. 사기나 횡령으로 감옥에 들어갈 일도 없습니다. 다시 말하면 스스로 망가질 이유가 없다는 것입니다.

지금 하는 일을 돈 때문에 선택했든 좋아서 선택했든, 그 일에 가치를 가지려면 즐겨야 합니다. 벽돌을 쌓는 일을 성전을 만드는 일이라 생각해야 하고, 거리를 청소하는 일을 지구를 보호하는 일이라 생각해야 합니다. 호구지책이라 해도 일을 하는 순간을 감사하게 생각해야 합니다. 마지막 순간까지 자신을 존중하고 믿어 주어야 합니다. 자존감은 행복한 삶의 뿌리이며 성공으로 가는 로드맵이기 때문입니다.

3. 자기긍정토크를 즐겨라

멋지게 사는 법을 우리는 잘 알고 있습니다. 그러나 그것을 행동으로 옮기지 않기 때문에 삶이 어둡고 우울하게 느껴지는 것입니다. 이제는 변해야 삽니다. 그 변화의 시작이 고정관념을 깨는 것입니다. '나는 부모 복이 없어서, 나는 학교가 좋지 않아서, 나는 외모가 없어서….'처럼 나를 부정하는 말은 1%도 도움이 되지 않습니다. 변화의 시작은 '말'입니다. 마음은 그림을 그리며 작용을 합니다. '이미지트레이닝'이라고도 합니다. 마음에 무언가를 하지 말라는 메시지를 전달해서는 안 됩니다.

이루고 싶었던 일, 가고 싶은 곳, 만나고 싶은 사람들, 내가 살고 싶은 방향을 마음속에 그리십시오. 그것이 이루어졌다고 상상하고 행복한 표정을 짓도록 하십시오. 눈에 보이지 않아도 살아 있는 모든 것은 강력한 에너지파동을 갖고 있습니다. 파동은 물질이 갖고 있는 고유한 진동이 멀리 퍼져 나가는 현상을 말합니다.

긍정적 말의 에너지는 사람은 무한 능력을 갖게 하고, 물질은 좋은 성질로 바꾸게 합니다. 우리가 생각을 하고 감정을 느끼면 대뇌 변연계에서는 감정을 기록하고 대뇌 시상하부를 자극합니다. 시상하부에서는 그 감정과 관련된 신경전달물질과 호르몬이 분비하여 뇌하수체를 자극하고, 다시 뇌하수체에서는 다양한 호르몬이 분비되어 불과 몇 초 만에 온몸으로 메시지를 전달합니다.

어떠한 경우도 부정적인 이야기는 하지 않는 것이 심신에 좋습니다. 플러스사고를 갖게 되면 체내에 있는 제약공장에서는 순식간에 몸에 이로운 약을 만들어 내게 되어 있습니다. 우리가 하는 말은 바로 우리의 영혼을 보여 주는 것입니다. 그리고 행복·상상 여행을 떠나십시오. 즐거운 상상은 생화학적 변화를 주어 마음의 변화를 이끕니다.

4. 자주 웃어라

웃음이 중요한 이유는 강력한 에너지 파동을 만들기 때문입니다. 내 몸에 긍정적 파동을 일으켜 주변에까지 영향을 미치게 됩니다. 그래서 웃음을 우주적인 약이고 신이 내린 선물이라 했습니다. 잘 웃는 사람은 부드럽고도 당당해 보이지만, 얼굴상이 어둡고 딱딱하면 자신감이 없고 인색해 보입니다. 요즘은 이미지시대이고 호감의 시대입니다. 디자인산업이 불황이 없는 것을 보면 옷이나 가방, 가구 가전제품까지도 디자인이 마음에 들지 않으면 사지 않게 됩니다.

미인이란 이목구비가 반듯한 예쁜 얼굴이 아니라 상대방에게 좋은 이미지를 남길 수 있는 사람입니다. 아무리 예쁘게 생겼다 해도 떠올리면 짜증나는 얼굴은 아름답지 않습니다. 웃음은 자신감의 표현이며 리더십의 완성입니다. 평생 연습하고 수련해야 할 덕목이 있다면 긍정의 삶인 것입니다. 거기엔 반드시 웃음이란 양념을 쳐야 한다는 것을 잊지 마십시오.

뉴욕대 피터 골비처(Peter Gollwitzer) 교수의 연구 결과에 따르면 언제, 어디서, 어떻게 등 실행 과정을 구체적으로 생각할 때 현실화 가능성이 높다고 했습니다. 내가 원하는 모습을 '선명하게' 그리는 것이 핵심 키워드입니다. 산다는 것은 자신을 예술 작품을 만들어 내는 것입니다.

최상의 나는
어떻게 만들까

나의 말 한마디로 나의 두 손과 두 발로 인해 누군가 살고 싶은 희망을 얻게 되었다면 얼마나 멋진 일입니까?

"선생님! 우리 아이는 설탕이 없으면 못 살아요. 근데 아무리 말해도 내 말은 듣지 않네요. 선생님이 설탕이 왜 나쁜지 들려주셨음 해서요."

어느 날 한 아주머니가 아이의 손을 잡고 마하트마 간디를 찾아왔습니다. 곰곰이 생각하던 간디는 지금은 곤란하니 한 달 후에 다시 오면 말해 주겠다고 돌려보냈습니다. 그로부터 한 달 후. 다시 엄마의 손을 잡고 찾아온 아이에게 말합니다.

"설탕은 몸에 많이 해로우니 먹지 않는 거야!"

아이는 끄덕이면서 알겠다고 간디와 약속을 했습니다. 그 상황을 지켜본 사람들은 왜 그 말을 한 달 전에 하지 않았느냐고 묻자, 간디는 "나도 한 달 전까지는 설탕을 끊지 못했거든."이라고 말합니다. 그의 말 한마디에 모두 다 숙연해졌습니다. 그 작은 부탁 하나에도 쉽게 내뱉지 않고 자신의 행동을 돌아보고 언행을 일치하려는 간디의 마음자리가 마음결이 되어 마음씨로 나타나 듣는 이를 울컥하게 만듭니다.

리더십 여행 중에 두 개의 길이 있습니다. 하나는 다른 훌륭한 사람처럼 되고 싶은 것이고, 또 하나는 최상의 내가 되도록 하는 것입니다. 누구나 간디나 슈바이처나 처칠처럼 될 수가 없습니다. 그들의 삶에서 배우되 내 자신을 가치 있는 나로 만들어야 합니다. 누군가의 마음을 얻어 사랑과 존경을 한 몸에 받는다는 것은 결국 희생의 산물이고 기다림입니다.

소통을 통해 우리가 얻고자 하는 것은 좋은 인상을 심어 주는 것입니다. 스스로 자신에게 만족한다 해도 보는 이들이 그렇게 생각하지 않으면 자기합리화나 자기만족일 뿐입니다. 그래서 최상의 내가 된다는 것은 나답게 사는 모습이 타인에게도 선한 영향을 줄 수 있어야 합니다. 최상의 내가 되려면 나와 소통하는 훈련을 해야 합니다. 자신을 알고 깊이 사랑하는 사람일수록 타인의 감정과 경험에 깊게 공감합니다. 이를 위해서는 먼저 나를 관찰한 후 비전과 목표를 설정하고, 긍정셀프토크를 즐기는 연습이 필요합니다.

그리고 타인과 소통하는 훈련을 해야 합니다. 벤자민 프랭클린 (Benjamin Franklin)은 정치가, 과학자, 출판업자, 발명가로 뛰어난 업적을 남긴 사람입니다. 그의 소통 리더십 중 가장 중요한 것은 싸우지 않고 이기는 대화의 기술입니다. 그랬던 그가 예전에는 논쟁에서는 이기고 소통에서는 지는 실수를 반복했습니다. 그것의 문제점을 깨닫고부터는 문제의 원인을 자신에게서 찾고 '나 메시지'를 쓰면서부터 사람들의 마음을 얻기 시작했습니다.

우리 사회의 조직문화에 만연한 소통의 부재는 결국 역지사지(易地思之)나 반구저기(反求諸己)를 하지 않고 자신의 이익이나 입장을 중시하기 때문에 일어나는 것입니다. 사회와 사람, 일과 사람, 사람과 사람 속에서 조화와 평화가 깃든 삶을 위해서는 스스로 질문하고 대답하고 나도 틀릴 수 있다는 생각으로 역지사지할 수 있어야 합니다.

심리학의 거장 알프레드 아들러(Alfred Adler)는 인간의 고민은 전부 인간관계에서 비롯된 것이라고 말합니다. 이는 아들러 심리학의 근저를 흐르는 개념이기도 합니다. 고민으로부터 해방되는 길은 결국은 소통의 물길을 잘 흐르게 하는 것이 아닐까요? 그러기 위해서는 '열린 마음 갖기 – 나 메시지 쓰기 – 단지 피드백하기 – 상대의 강점 찾아 인정하기 – 애정과 인내를 갖고 기다리기'가 필요합니다.

최상의 나는 내가 좋아하는 나이기도 하지만, 남이 좋아하는 나이기도 해야 합니다. 그런데 타인을 다 맞출 수는 없습니다. 또한 모두가 좋아하는 사람이 될 수도 없습니다. 그러나 타인의 감정을 읽을 줄 아는, 타인의 아픔에 공감할 줄 안다면 사람들은 마음의 문을 열기 시작합니다. 나대로 살기는 타인의 감정을 무시하고 하고 싶은 대로 하는 것이 아닙니다. 나를 사랑하는 길에서 타인을 사랑하는 길도 함께 찾아야 하는 것입니다.

나의 말 한마디로 나의 손과 발로 인해 누군가 살고 싶은 희망을 얻었다면, 이 얼마나 멋진 일입니까?

갑과 을,
그들의 세상

"무릎 꿇어!"

"하라면 할 일이지, 어디다 말대꾸야!"

"억울하면 출세해!"

갑이 을에게 거침없이 쏟아내는 모욕적인 말, 갑은 콧대를 꼿꼿이 세우고 을은 쥐구멍에 얼굴을 처박고 있는 그때, 그들이 함께 숨 쉬고 있는 공간은 천당과 지옥으로 나뉘어져 멀고도 먼 나라 세계가 펼쳐집니다.

우리 사회는 갑과 을이 존재합니다. 아니, 존재할 수밖에 없습니다. 고용자와 피고용자, 상사와 부하, 권력자와 말단 공무원, 교수와 제자, 교사와 학생, 사제와 신도, 고객과 직원, 부모와 자식의 관계는 태어나면서 학업을 선택하고 직업을 가져야 하고 취미생활과 믿음을 가지면서 그 고리는 끊어질 수가 없는 관계로 이어집니다. 문제는 관계의 주도권을 갖고 있는 갑의 철학과 가치관, 성격과 태도에 따라 을의 인생도 달라질 수밖에 없는 것이 현실이라는 점입니다.

말을 듣지 않는다는 이유로, 기분이 나쁘다는 이유로, 능력이 오르지 않는다는 이유로, 공손하지 못하다는 이유로, 즐겁게 해주지 않는다는 이유로, 공부를 못한다는 이유로, 권력과 지위, 부를 이용해 을을 협박하고 옭아매고 폭언과 폭력을 행사하는 것을 당연한 권리라고 생각하고, 심지어는 즐기기까지 합니다.

부천의 한 백화점에서 VIP 고객이 주차요원 아르바이트생을 무릎을 꿇게 하는 모욕을 주고, 모그룹 3세 K씨는 신임변호사 머리채를 쥐고 흔들어 자존감을 짓밟아 버립니다. 별 4개의 장군 부인은 공관병을 머슴 부리듯 했고, 강남 어느 아파트 주민은 베란다로 경비원에게 음식을 던지면서 먹으라고 했다 합니다.

대한항공 부사장이 땅콩 서비스를 문제 삼아 이륙을 위해 활주로로 가던 항공기를 돌려 수석승무원을 내리라 하고 출발했던 땅콩회항사건, 국민들의 원성이 커지자 그녀는 대법원으로부터 징역 10개월 집행유예 2년 판결을 확정받기도 했습니다. 그 일이 터지고 3년이 지나 그녀가 2018년 평창 올림픽 성화주자로 항공사 회장인 아버지와 함께 달리는 모습이 보입니다. 힘의 지배를 받을 수밖에 없는 세상이 괜스레 씁쓸해지고 서글퍼지기까지 합니다.

유가사상을 완성한 맹자는 사람은 본디 4가지의 본성적 마음에 대해 사단지심(四端之心)이라 했습니다. 측은지심(惻隱之心)은 남의 불행을 보고 불쌍하게 여기는 마음이고, 수오지심(羞惡之心)은 자신이 잘못을 저질렀을 때 부끄러움을 느끼는 마음입니다. 사양지심(辭讓之心)은 양보하는 마음이며, 시비지심(是非之心)은 옳고 그름을 따질 줄 아는 마음입니다. 맹자는 이 네 가지 마음이 없으면 사람이 아니라고 했습니다.

이 가운데서도 특히 측은지심은 인(仁)의 단서라고 강조하고 있습니다. 그래서 인(仁)은 사람다움의 탐구라고 할 수 있습니다. 공자는 '인(仁)'을 실천하는 가장 핵심은 한마디로 '서(恕)'라고 했고, 서(恕)란 '베풂'이며 '용서'입니다. 사랑하는 일보다 더 아름다운 일이 용서라는 것은 그만큼 용서하기가 어렵다는 뜻이기도 하겠지요. 가족을 죽이고 잔인한 성폭력을 당하고 전 재산을 앗아가게 만드는 사건이라면, 성인군자가 아닌 이상 용서가 힘듭니다.

그러나 발을 밟았다거나, 옷에 커피를 쏟았다거나 몸을 부딪쳤다거나 욕을 했다거나 깜박이 없이 끼어들었거나 물건을 상하게 했거나 혹은 잃어버리게 하는 등 흔히 일어날 수 있는 일에도 힘을 이용하여 분노를 참지 못하고 상대의 자존감을 짓밟고 모욕을 주는 데 문제가 있습니다.

미국 심리학자이자 정신의학자인 제임스 길리건(James Gilligan)은 수치심과 죄의식을 인과관계의 가장 큰 원인이라고 말합니다. 그는 살인죄로 수감된 재소자들을 인터뷰했는데, 재소자들은 범죄의 진짜 이유를 설명할 때 "그놈이 나를 깔봤다(disrespected)."는 표현을 가장 많이 썼다고 합니다. 어느 범죄자는 "살인을 통해 무엇을 얻고 싶었냐?"는 질문에 "자부심, 존엄, 자존감"이라고 대답했습니다. 모멸은 그 자체로 폭력입니다. 하지만 미래의 폭력을 낳을 수 있다는 점에서 더 위험할 수 있습니다.

도덕적·윤리적으로 완벽한 사람을 성인이라고도 합니다. 속세의 사람들이 감히 근접할 수 없는 높은 경지에 오른 사람이라는 것이 일반적인 생각입니다. 그러나 우리가 찾는 리더가 『도덕경』이나 『논어』에서 말하는 성인군자를 말하는 것은 아닙니다. 측은지심과 수오지심을 가지고 더불어 행복할 수 있는 상생하는 리더십을 갖춘 사람을 말하는 것입니다. 이것을 '서번트 리더십', 즉 섬기는 리더십이라고 합니다.

서번트 리더십(servant leadership)은 미국 AT&T사의 로버트 그 린리프가 헤르만 헤세의 『동방순례(Journey to the East)』에 등장하는 레오(Leo)라는 인물을 통해 나온 이론입니다. 소설 속에 등장하는 레오는 순례단의 궂은일을 도맡아 하는 하인과 같은 존재로서 구성원 중 가장 낮은 위치에 있었습니다. 여행 도중 레오는 갑자기 사라져 버렸고, 레오가 없는 순례단은 결국은 여행을 중단하기에 이릅니다.

몇 년 후 레오를 찾았을 때, 그는 순례단을 후원한 교단의 가장 높은 곳에 위치한 사람이었음을 알게 됩니다. 이렇게 서번트 리더십은 필요한 욕구를 채워 주고 지친 영혼을 위로해 주며 방향 제시까지 해 주던 여행단의 하인인 레오로부터 나온 것입니다. 모두가 레오처럼 행동할 수 없다 해도 레오의 마음처럼 낮은 곳의 사람들을 측은하게 여기고 그들의 입장을 한 번이라도 돌아볼 수 있다면 갑과 을의 세상이 각자의 위치에서 아름다운 꽃으로 피어나 향기로 가득하지 않을까요.

국민이 없는 통치자는 있으나 마나 하고 직원이 없는 회사는 돌아갈 수 없습니다. 만리장성도 한 개 한 개의 벽돌이 모여 시작되었고, 천 리 여행길은 발아래에서 시작됩니다. 고귀함은 비천함을 뿌리로 하고, 높음은 낮음을 기초로 합니다. 서번트 리더십을 가진 사람들이 그리운 요즘입니다.

잊지 못할
아름다운 재판

마음의 상처를 씻지 못하고 꿈과 희망이 파도의 물거품처럼 사라질 때 꽃씨를 품은 따뜻한 손을 내밀어 주는 당신은 그런 사람입니다. 샛바람처럼 자주 흔들리는 감정을 다스리지 못해 헤매고 있을 때 가로등 불빛이 되어 길을 밝혀 주는 당신은 그런 사람입니다.

'유전무죄 무전유죄(有錢無罪 無錢有罪)'라는 유행어를 만들어 낸 지강헌 인질 사건, 1988년 서울 올림픽이 끝난 후 영등포교도소에서 공주교도소로 이송되던 25명의 재소자들 중 12명이 집단 탈주하는 사건이 일어나 나라를 떠들썩하게 만든 사건인데요. 그들 중 5명이 한 가정집에 들어가 가족들을 인질로 잡으며 경찰과 대치하다가 일부는 자살하고 일부는 경찰이 쏜 총에 사살되는 사건이었습니다. 그들은 556만 원의 절도범이었는데도 7년형에 보호감호 10년, 총 17년의 형량에 불만을 품고 탈주하여 인질극을 삼다가 '유전무죄 무전유죄'라는 말을 남기고 떠났습니다.

법률소비자연대의 조사에 따르면, 국민의 80%가량이 유전무죄 무전유죄에 동의한다고 하는 서글픈 현실입니다. 재벌과 권력자들은 수십억의 횡령을 해도 형이 확정되고 나면 평균 9개월 만에 사면을 받고 현직에 복귀한다고 합니다. 초록은 동색일까요? 권력자에게 내리는 솜방망이 처벌은 사법부와 검찰에 대한 불신으로 연결될 뿐입니다.

약자의 아픔을 쓰다듬어 줄 줄 알고 강자한테 휘둘리지 않는 법관을 떠올릴 때, 가슴을 알싸하게 만드는 한 사람이 있습니다. 미국의 정치인이며 법조인이었던 피오렐로 라과디아(Fiorello Henry La Guardia)는 하원의원을 지내고 재임에 실패한 후 다시 법조인으로 활동했습니다. 1930년의 어느 날, 뉴욕의 상점에서 노파가 빵 한 덩어리를 훔치다 절도 혐의로 기소되어 재판에 넘겨졌습니다.

"이전에도 빵을 훔쳤나요?"
"아니요. 처음입니다."
"그렇다면 왜 훔쳤습니까?"

"일자리도 없고, 일주일 넘게 굶은 손자가 죽어 가고 있어서요."

그리고 노파는 흐느껴 울었습니다. 잠시 침묵이 흐르다가 판사가 다시 묻습니다.

"당신의 행동이 범죄임을 알지요?"
"예, 잘못했습니다."
"법은 만인에게 평등해야 하므로 당신에게 10달러의 벌금형을 선고합니다."

그는 10달러의 벌금형을 선고한 동시에 노인에게 아무런 도움을 주지 않고 방치한 책임을 물어 자신에게 10달러의 벌금형과 방청객들에게 50센트의 벌금에 동참해 줄 것을 권고했습니다. 이렇게 해서 모인 돈이 57달러 50센트였고, 10달러는 벌금으로 지불하고 50센트는 빵 값으로 지불하고 나머지 47달러를 노파에게 건네주면서 어서 가서 손자를 돌보라고 격려했을 때, 방청객들은 기립박수를 치며 그의 명판결에 환호를 보냈습니다.

아, 너무 근사한 판결이 아닌가요. 이토록 아름다운 심성을 가진 사람을 떠올리는 것만으로도 더 멋지게 살고 싶은 마음이 꿈틀거립니다.

판사를 그만둔 라과디아는 뉴욕시장(1934~1945)을 역임하면서 마피아 소탕 작전을 펼쳐 조직을 와해시켰고, 뉴욕의 재정난과 경제를 살리면서 임기 중 범죄율 최저 도시로 만들어 뉴욕 시민들의 가슴에 영웅으로 남아 있는 사람입니다. 그가 사망 후 3년이 지난 1947년, 뉴욕 잭슨하이츠에 라과디아 공항(La Guardia Airport)이 생겨납니다.

라과디아 판사, 마음의 상처를 씻지 못하고 꿈과 희망이 파도의 물거품처럼 사라질 때, 꽃씨를 품은 따뜻한 손을 내밀어 주는 당신은 그런 사람입니다. 샛바람처럼 자주 흔들리는 감정을 다스리지 못해 헤매고 있을 때, 가로등 불빛이 되어 길을 밝혀 주는 당신은 그런 사람입니다. 하루를 살아도 더 멋지게 살고 싶다는, 내 심장에 파장을 주는 산소 같은 사람! 당신은 그런 사람이었습니다.

사랑하는
일은
○

사랑한다는 건 무조건 주는 것이 아니라 상대의 허물조차 받아들이는 것입니다. 그리하여 서로의 가슴에 물길이 생기는 것이지요. 사랑한다는 것은 닮아 가는 것이 아니라 다름을 인정해 주는 것입니다. 그리하여 서로의 가슴에 꽃길이 생기는 것입니다.

TV에서 눈 내리는 날, 한 남성이 우산을 들고 한 손에는 꽃을 들고 누군가를 기다리고 있습니다. 이어지는 내레이션(Narration)을 들으며 채널을 돌리지 못하고 광고를 끝까지 보게 되었는데, 마지막 말이 가슴을 알싸하게 울립니다.

그녀가 꽃을 좋아한다면 꽃을 선물할 것이고
그녀가 영화를 좋아한다면 함께 영화를 볼 것입니다.

그런데 혹시 그녀가 무엇을 싫어하는지 아세요?
좋아하는 것보다 싫어하는 것을 하지 않을 때
신뢰를 얻을 수 있습니다.

두산의 '사람이 미래다 편 여섯 번째 이야기' 광고인데요. 이 짧은 문구 속에 사랑하는 사람에게 어떻게 해야 하는지를 달달하게 들려주고 있습니다. 우리는 연인 관계나 부부 관계 그리고 자식들에게 말로써 물질로써 끊임없이 마음을 표현합니다. 그러나 정작 그들이 싫어하는 것을 아무 생각 없이 반복하고 있지는 않는지요. 지나치게 간섭하는 일이나 잔소리를 늘어놓는 등의 행동을 말입니다.

많은 사람들은 사랑할 때는 상대가 무엇을 잘 먹고, 무엇에 관심이 있고, 무엇을 좋아하는지를 알고자 애씁니다. 그렇게 비위를 맞추기 위해 여러 가지 노력을 하는 시간조차 설렘이고 행복입니다. 만남의 횟수가 많아지고 사랑이 깊어 갈수록 상대가 좋아하는 채널에서 내가 좋아하는 것으로 채널로 돌리게 됩니다. 시간이 흘러가면서 내가 좋아하는 것을 함께해 주지 않는 상대를 나하고 맞지 않는 사람이라고 단정 짓습니다. 그렇게 싫어하는 것들이 자꾸 눈에 들어오면서 결국 사랑의 마침표를 찍자고 말합니다. 잘해 주었던 일들이 95%가 넘는데도 5%의 무관심 때문에 헤어지는 것입니다.

어느 숲속나라에 사자와 말이 사랑을 하게 됩니다. 둘은 사랑이 깊어지면서 서로에게 무언가를 선물하고 싶었습니다. 말은 사자가 잠든 사이 자기가 좋아하는 건초더미를 사자 우리 앞에 갖다 놓았고, 그러면 사자는 고양이를 잡아 마구간 앞에 놓았습니다. 그렇게 서로에게 사랑을 표현하는 일이 잦아지면서부터 그들의 다툼도 시작되었습니다. "너는 내가 싫어하는 것만 갖다 주냐? 나에 대한 관심은 조금도 없어!" 자신이 좋아한 것을 아낌없이 주었는데도 화를 내는 상대를 이해 못한 사자와 말은 서로를 미워하고 비난하고 상처를 주면서 결국 이별을 선언합니다.

직업상 강의를 위해 지방을 자주 갑니다. 시간이 일찍 잡히거나 늦게 끝나면 어찌할 수 없이 그곳 숙소에서 묵어야 하는데요. 그럴 때면 인터넷을 통해 검색하면서 후기 글을 읽습니다. 후기를 좋게 쓴 9개의 글보다 한 개의 불만스런 글이 뇌리 속에 남아 결국 다른 숙소를 찾게 됩니다. 사람들과의 관계도 그렇습니다. 10번을 잘해 주었어도 한 번의 실수가 마음을 돌리게 만듭니다.

사랑한다는 건 무조건 주는 것이 아니라 상대의 허물조차 받아들이는 것입니다. 그리하여 서로의 가슴에 물길이 생기는 것이

지요. 사랑한다는 것은 닮아 가는 것이 아니라 상대의 다름을
인정해 주는 것입니다. 그리하여 서로의 가슴에 꽃길이 생기는
것입니다. 물길과 꽃길이 만나 걸으며, 쉬며 토닥거리며 눈멀고
귀 멀어도 함께하는 것입니다.

욕심과
양심의 싸움

욕심이 양심을 이기면 실패한 삶이고 욕심과 양심이 비슷하면 남는 것이 하나도 없고 욕심을 잘 관리해서 양심이 이길 수 있다면 그것이 성공한 삶입니다.

겸손을 배우면 자신을 아름답게 보고, 인내를 배우면 세상을 아름답게 보고, 겸손함과 인내를 몸에 이식하면 영혼을 아름답게 물들이게 됩니다. 겸손을 말하면 물의 성질을 상징하기도 합니다. 물은 낮은 곳으로 떨어지면서 곳곳의 더러움을 닦아 줍니다. 바위나 장해물을 만나게 되면 불평 없이 돌아가면서도 끝없이 넓은 곳으로 흘러갑니다. 이를 두고 노자는 최고의 선은 물과 같다는 말로 '상선약수(上善若水)'라고 했습니다.

인간을 두고 오욕칠정의 동물이라고 하지요. 재물 욕, 애욕, 식욕, 수면욕, 색욕의 오욕(五慾)과 기쁨, 성냄, 근심, 두려움, 사랑, 미움, 욕심의 칠정(七情)인데 이러한 오욕을 만용하고 칠정을 다스리지 못하게 되면 금수(禽獸)만도 못한 인간으로 전락할 수 있습니다. 요즘 일어나는 미투운동으로 SNS에 올라온 성폭행이나 성추행의 기사마다 가해자에게 쏟아지는 댓글들만 봐도 알 수 있지요. "에이, 금수만도 못한 놈 같으니!"

미투운동(Me Too Movement)은 미국 할리우드의 유명 영화제작자 하비 웨인스타인의 성폭력 및 성희롱을 비난하기 위해 영화배우 알리사 밀라노가 2017년 10월 15일 처음 제안했습니다. 사회관계망서비스(SNS)에 '나도 피해자'라며 해시태그(#MeToo)를 달면서 주변에 얼마나 많은 피해자가 있는지 알리는 캠페인입니다. 어쩌면 지위를 이용해 성을 유린한 권력자의 안하무인(眼下無人)에 대한 여성들의 반란이기도 합니다.

아프리카 수단 선교 봉사 중에 수원교구의 한 신부가 함께 봉사를 간 여신도를 성폭행해서 많은 사람들과 신도들에게 큰 충격을 안겨 주었습니다. 아름다운 마음으로 오지에 가서 선교 활동을 했던 성직자가 성폭행이란 추잡한 행동을 저질렀다는 데 분노하지 않을 수 없습니다. 문화계, 예술계, 연극계, 교육계, 정치계 등 끊임없이 이어지는 성폭행과 성추행을 알리는 미투운동을 통해 권력자의 페르소나 뒤로 숨은 얼굴이 얼마나 더럽고 치졸한지를 느끼게 합니다.

국제통화기금(IMF)의 도미니크 스트로스칸(Dominique Strauss-Kahn) 총재는 2010년는 세계에서 가장 영향력 있는 100인에 선정되기도 했습니다. 이런 그가 뉴욕 맨해튼의 한 호텔에서 객실 청소원을 성폭행하려 한 혐의로 체포된 사건이 벌어졌습니다. 그는 성폭행 미수와 불법 감금 등의 3가지 혐의로 받고 잡범 취급을 받다 600만 달러의 보석금을 내고 풀려났지만, 성추행으로 인해 유력 대통령 후보에서 물러나야 했습니다.

왜 이처럼 지위와 명예를 다 가진 사람이 욕정을 절제하지 못해 스스로를 밑바닥으로 떨어트리는 일을 만드는 걸까요? 명성을 가진 사람들이 저지르는 추행에 대해 미국 심리학자들은 권력에 도취되어 보통 사람의 룰에 맞추지 않아도 될 거라는 환상을 갖게 되어 자신도 모르는 사이에 벼랑으로 스스로를 밀어 보려는 충동에 시달린다고 분석했습니다.

인생에 정답은 없지만 매순간 책임이 주어집니다. 추락한 이미지는 사람들의 뇌리에서 쉽게 지워지지 않기 때문에 시간이 지나도 회복하기 어렵습니다.

"왕의 권력은 백성들이 부여하는 것이다. 인(仁)과 사람(人)을 합쳐 말하면 도(道)가 된다. 선(善)한 것을 자신에게 가득 채우고 있는 것을 아름답다(美)고 하고 선(善)을 가득 채우고 있어서 광채가 밖으로 드러나는 것을 대(大)라고 한다."는 맹자의 이 말을 권력자들이 곱씹어 봤으면 합니다.

높은 자리에 오르기는 오랜 시간이 걸려도, 몰락하기는 한순간입니다. 권력은 본인의 능력이라 하지만 지지하는 사람이 없으면 사상누각일 뿐입니다. 사람은 누구나 오욕칠정을 갖고 있습니다. 그러나 모두가 다 오욕의 수렁에 빠져 허우적거리지는 않겠지요? 인생은 욕심과 양심의 끝없는 싸움입니다. 욕심을 권력욕, 재물욕, 정욕이라 하는데 이 욕심은 누구에게나 있는 본능과 같은 것입니다. 양심은 맹자의 사단, 즉 측은지심(仁), 수오지심(義), 사양지심(禮), 시비지심(智)을 지키는 일입니다.

욕심이 없는 삶을 살기는 어렵습니다. 돈을 벌어 편하게 살고 싶은 마음이나 권력을 쥐고 군림하고 싶은 마음이나 정력을 뿜어내고 싶은 마음은 모두 다 갖고 있는 마음입니다. 따라서 욕심이 없는 삶을 사는 것이 아니라, 욕심을 잘 다루고 관리해서 양심이 이기는 삶을 살 수 있다면 작금에 일어나는 갑질이나 미투운동의 피의자로 한순간에 추락하지는 않겠지요. 인간이 금수(禽獸)와 다른 것은 바로 양심이 있기 때문이 아닐까요?

•

점 하나가
만드는 예술

。

"참 많이 부족해 보이네요!"

아침 일찍 지인이 보낸 카톡 메시지입니다. "참 많이 부족해 보
인다니. 아침부터 뭐하자는 거지?" 아무래도 이상해 다시 찬찬
히 읽어 보니 참이 아니라 '잠'이었던 것입니다. 그녀는 내게 잠
이 많이 부족해 보인다고 걱정하는 안부를 보냈던 것인데, 나는
'잠'을 '참'으로 읽고 순간 불쾌한 마음이 가졌으니 큰 실수를 할
뻔했습니다. 잠이 참으로 보이는 소수점 하나!

콜럼버스(Columbus)가 아메리카 신대륙에 발을 내딛은 해인
1492년, 이탈리아 수학자 펠로스는 그의 저서 『산술적요』에 처
음으로 콤마를 소수점으로 사용했습니다. 하지만 60진법을 사

용했던 당시에는 소수점이 별로 쓰이지 않다가 그 후 스코틀랜드의 수학자 네이피어에 의해 소수점이 널리 알려졌고, 현재는 거의 모든 나라가 소수점을 사용하고 있습니다. 10진법으로 소수를 나타낼 때 콤마를 찍어 소수점으로 사용했던 것입니다. 이 소수점은 일의 자리와 그보다 작은 자릿수 사이에 놓여 자릿값을 구분하도록 했습니다. 이 소수점은 우리의 일상생활 속에 10배라는 용량의 차이와 언어의 의미 변화에 극과 극의 대립을 형성해서 삶의 패턴을 바꾸기도 합니다.

현대 미술계의 거장으로 '점과 선의 대가'로 불리는 이우환 화백! 그는 "그림은 점에서 시작되며, 점이 이어지면 선이 된다. 선은 시간을 뜻하며, 점이 모이면 그림이 되고, 사람이나 바위가 될 때도 있다. 그러나 흩어지면 아무것도 남지 않는다."는 동양의 고대사상을 주입하여 그림의 모티브를 만들었다고 합니다. 그에게 점은 호흡이고 생명이며, 여백은 비어 있음이 아니라 공간의 풍요로움과 자유로움이라고 합니다. 뉴욕 소더비 경매에서 1978년작 〈점으로부터〉가 23억에 낙찰되며 한국 생존 작가로는 최고액을 기록했다고 하니 점이 모인 위력, 정말 대단하지 않나요?

화룡점정(畵龍點睛)! 가장 중요한 부분을 처리함으로써 어떤 일을 완성한다는 의미의 말인 화룡점정의 유래를 보면, 양(梁)나라의 장승요(張僧繇)가 남경에 있는 안락사(安樂寺)에 용 두 마리를 그렸는데, 용의 눈동자를 그리지 않았습니다. 사람들이 그 까닭을 묻자 "눈동자를 그리면 용이 날아가 버리기 때문이다."라고 대답하였습니다. 그러나 그 말을 믿지 않는 사람들에게 장승요는 용 한 마리에 눈동자를 그려 넣었습니다. 그러자 천둥번개가 치면서 용이 벽을 차고 하늘로 올라갔는데, 눈동자를 그리지 않은 용은 그대로 남아 있었습니다.

두 개의 점이 잠자던 용을 깨운 것처럼 특히 환자에게 투여하는 주사액이나 처방전의 소수점은 10배 용량의 투여로 치명적인 독성을 야기하기도 하고, 반대로 10배 이하 용량을 복용한 경우에는 효과가 전혀 없게 됩니다. 이때의 소수점은 사람을 죽일 수도 있고 불구로 만들 수도 있습니다.

'잠'에 점 하나를 찍으면 '참'이 되고, '님'에 점 하나를 찍으면 '남'이 됩니다. '신물'에 점 하나를 찍으면 '선물'이 되고, '마녀'에서 점 하나를 빼면 '미녀'가 됩니다. '빗'에 점 하나를 찍으면 '빛'이 되고, '고질병'에 점 하나를 붙이면 '고칠 병'이 됩니다. '불가능(Impossible)'에 점 하나를 찍으면 '가능(I'm possible)'하다는, 점 하나가 만드는 극과 극의 의미를 만드는 예술!

점 하나는 화가의 손에서, 의사의 처방전에서, 사람과의 커뮤니케이션에서 어디에 찍느냐에 따라 예술이 될 수도 있고 쓰레기가 될 수도 있고 절망이 될 수도 있고 기적이 될 수도 있습니다. 희로애락애오욕(喜怒哀樂愛惡慾)이 공존하는 삶에서 안락한 삶만을 바라는 만큼 무지함은 없습니다. 하루에도 오만가지 생각이 일어나는 감정의 파도에 당신의 눈은 어디를 보고 있나요? 당신의 말은 어디에 점을 찍고 있나요?

행복을 키우는
상상해 볼까요

마음으로 그리는 긍정 이미지가 기적이 됩니다. 세상 사람들을 크게 두 부류로 나누자면, 하나는 기적이 있다고 믿는 사람이고 하나는 기적은 없다고 생각하는 사람입니다. 당신은 어떤 사람이 꿈을 현실로 만들 수 있다고 생각하고 있나요?

당신이 꿈에 한 걸음 다가가려면 생각의 틀을 벗어던지고 자유롭게 날 수 있도록 해야 합니다. 위대한 모든 업적은 바로 상상력에서 만들어진 것입니다. 상상력에는 한계도 구속도 없습니다. 상상은 당신의 업적을 만들어 주며, 업적은 당신의 삶을 불후의 명작으로 남게 해 줄 것입니다. 당신이 무엇을 그리느냐는 어려운 일은 아니지만, 그 결과는 엄청나게 다를 것입니다.

지금 당신의 마음에 터널을 그려 보십시오. 그다음에 떠오르는 것은 '답답함, 숨막힘, 어둠, 불안, 초조 두려움, 죽겠다, 짜증나, 미치겠다' 등등일 것입니다. 그러나 지금 터널 속에서도 희망이 있다 생각한다면, '햇살, 도전, 시작, 용기, 여유, 인내, 열정, 보람' 등등의 말이 떠오를 것입니다.

세계적인 신경과학자 캔데이스 퍼트(Candace pert) 박사는 우리가 어떤 생각을 하고 감정을 느끼게 되면, 대뇌변연계에서 감정을 기록하고 내 뇌의 시상하부를 자극한다고 합니다. 시상하부에서는 그 감정과 관련된 신경전달물질과 호르몬이 분비되어 다시 뇌하수체를 자극합니다. 뇌하수체에서는 온몸으로 메시지를 전달하여 유전자의 단백질 합성에 관여하여 몸의 기능이 바뀌는 것입니다. 이것이 생각이 몸의 실제가 되는 과정입니다.

[TIP] 행복 상상 속으로

자, 이제 천천히 심호흡을 하십시오. 들이마시고 멈추고 다시 뿜어내십시오. 숨을 마실 때 기쁨·감사·희망 등 우주의 에너지가 몸에 들어온다고 상상하고, 숨을 내쉴 때 불안·두려움·초조·분노가 밖으로 나간다고 상상하시길 바랍니다.

무한 생명 에너지가 머리에서 '얼굴 → 목 → 팔 → 가슴 → 복부'를 지나 다리, 발끝까지 타고 내려간다고 상상하십시오. 다시 거꾸로 똑같은 방법으로 거슬러 올라오십시오. 온몸이 편안하게 이완되는 것을 느끼십시오. 그리고 "편안하다. 행복하다. 감사하다. 정말 좋다."라는 말을 반복하십시오. 이제 내가 평소에 이루고 싶었던 그 상황을 그려 보십시오.

성공해서 보육원 아이들에게 선물을 나눠 주면서 웃고 이야기하는 장면도 좋고, 장사를 하면서 전국적으로 체인점이 생겨나 동분서주 바쁘게 뛰는 모습도 좋고, 그림 같은 집을 짓고 행복하게 사는 모습도 좋고, 스타강사가 되어 전국을 다니며 멋지게 강의하는 모습을 그려도 좋습니다. 주변의 사람들, 가족들, 내 마음이 행복해지는 모습을 상상하십시오. 그리고 진실로 그 기쁨을 말로 표현하십시오. "아, 정말 행복하다. 아, 너무 기쁘다. 나는, 정말 대단하다. 이런 내가 자랑스럽다. 고맙다."

이제 눈을 뜨시기 바랍니다. 그 기분 그 표정으로 상상의 날개에 옷을 하나씩 입혀 주시면 됩니다. 긴 호흡으로 마무리하시고 거울을 보십시오. 그곳에서 너무도 행복한 당신의 모습을 보게 될 것입니다.

내일의 내가
오늘의 나에게

○

I Love me! I Thank you! I Believe in me!
"오늘은 나에게 내일은 너에게 (Hodie mihi, cras tibi)"

이 멋진 말은 가톨릭 대구대교구청 본당 뒤편 성직자 묘역 입구에 쓰여 있는 로마의 경구입니다. "오늘은 내가 관이 되어 들어왔고, 내일은 네가 관이 되어 들어올 것이니 타인의 죽음을 통해 자신의 죽음을 생각하라."는 뜻의 문구입니다. 짧은 문구지만 죽은 자가 산 자에게 던지는 절제되고 강력한 이 메시지는 소중한 삶을 어떻게 살아야 하는지를 진지하게 들려주고 있습니다.

언젠가 카톡으로 문자가 하나 떴습니다. 순간 얼마나 놀랐는지요. 그 전화번호의 주인은 6개월 전에 뇌출혈로 이 세상 사람이 아닌데, 그녀의 전화번호를 지우지 않았던 것입니다. 그래서 전화를 했더니 번호가 바뀌었다는 말을 듣고서야 그녀의 번호를 지웠습니다. 얼마 전까지도 웃고 떠들었는데, 이제 그녀는 이 세상에 존재하지 않습니다. 아직도 그대로 있는 그녀의 카카오 스토리를 한 번씩 들어가 보면 죽음과 삶의 경계가 모호해집니다. 그냥 거리가 멀어서 못 보는 것처럼….

'내일 너에게'가, '오늘은 나에게'로 바뀌는 날이 먼 훗날이 될 수도 있고 내일이 될 수도 있습니다. 나에게 오지 않을 것 같은 그 죽음이란 것을 오늘도 각종 매스컴을 통해, 지인들을 통해 수없이 접하면서도 우리는 먼 타인의 일처럼 생각하고 살고 있습니다. 어쩌면, 죽음을 떠올리는 것 자체가 두렵기도 하고 삶에 허무함을 불러 주기에 애써 죽음이란 단어를 생각하지 않고 사는지도 모르겠습니다. 죽음은 늘 두렵지만 언젠가 온다는 것은 변하지 않는 사실입니다.

오늘이 마지막인 것처럼 산다는 것은 안일하고 나태한 삶을 소중하고 진지하게 만들어 주는 채찍임에는 분명합니다. 삶에는 리허설이 없기 때문입니다. 그렇기 때문에 상상하는 삶을 살도록 노력해야 합니다. 생각하는 대로 살지 않으면 사는 대로 생각하기 때문입니다. 학습이 계획을 이기고 행동이 생각을 이깁니다.

아인슈타인은 "인간의 전체의 일부이며 우주 그 자체다."라고 말했습니다. 인간은 생각과 감정을 외부와 분리된 상태로 경험하기에 스스로를 감옥에 가두게 되는 것입니다. 따라서 모든 생명체와 자연의 아름다움을 포용하려면 자신이 만든 감옥에서 탈출해야 합니다. 우연한 일이 겹쳐 일어나게 되면 그것에 불신을 하던 사람도 "혹시, 그런가? 아, 그렇구나!"라고 신뢰를 하기 시작합니다.

미신, 믿음, 부적, 염력, 피그말리온, 플라시보 효과 등을 통해 직간접으로 경험을 합니다. 이러한 것들이 자신의 생각과 행동에 대한 믿음을 주게 되는 것입니다. 모두가 안 될 것이라는 우려를 깨고 현실로 만들어 내는 것입니다. 잘나가는 사람, 행복한 사람, 성공한 사람들의 이면에는 자신을 좋은 쪽으로 이미지트레이닝을 하고, 연습하고 시간을 관리하고, 인맥을 관리하고, 책을 즐겨 읽고 자기성찰에도 단호했기에 삶을 멋지게 보낼 수 있는 것입니다.

내 삶을 명품으로 만들고 싶은가요? 그렇다면 TV나 스마트폰에 뺏긴 시간을 찾고 환경을 탓하고, 가난한 부모를 탓하고, 재능이 없는 자신을 탓하며 잘나가는 다른 사람과 비교하는 일과 결별하십시오. 그런 다음 원하는 삶을 살 수 있다는 확고한 믿음을 갖고 꿈을 위한 계획을 세우고 구체적인 행동강령을 적어 가장 잘 보이는 곳에 여기저기 붙여 두시고 아침과 저녁마다 긍정 암시를 하십시오.

명품으로 사는 사람들의 모임을 찾아가십시오. 그들이 쓴 책을 통해, 강연을 통해 자주 만나도록 하십시오. 그들을 모방하되 자신만의 색깔을 찾으십시오. 때로는 답답하거나 힘들 때면 자신만의 장소를 만들고 그곳에서 마음에 평화와 자신감을 넣도록 하세요. 퇴근길이면 대형문고나 아름다운 책방(헌책방)에 들르십시오. 틈이 나면 가끔은 혼자 여행을 떠나 보십시오. 그리고 두 달에 한 번이라도 자신을 위해 꽃을 한 다발 선물하면 어떨까요?

깊은 밤, 오늘 하루의 에피소드를 적어 놓으십시오. 그리고 잠들기 전 내일의 내가 오늘의 나에게 진심으로 격려하는 겁니다. 사랑한다. 고맙다. 믿는다!

I Love me!

I Thank you!

I Believe in me!

배려나무에 핀
감동의 꽃

세상에는 수많은 긍정적인 정서가 있습니다. 사랑, 배려, 감사, 감동, 행복, 우정, 긍정, 희망, 도전, 끈기, 인내, 나눔, 봉사, 용기, 수용, 열정 등….

이 가운데서도 가장 아름다운 정서가 배려와 봉사가 아닐까 싶습니다. 많은 긍정 정서들이 당당하고 멋진 나를 만들어 주는 것이라면, 배려와 봉사는 그 자체가 타인의 행복을 향하고 있기 때문입니다.

국밥집 문이 열리고 7살 정도의 아이가 할머니 손을 잡고 들어왔습니다. 국밥을 한 그릇만 시켜 놓고 아이가 먹는 것을 입맛만 다시는 할머니를 보고 국밥집 사장의 아내가 말합니다.

"여보 저 어르신에게도 한 그릇 드릴까요?"

"아니, 내게도 생각이 있어!"

식사를 마친 할머니가 계산을 하려니 사장이 말합니다.

"어르신 오늘 백 번째 손님이세요. 우리 가게엔 백 번째 손님은 돈을 받지 않습니다."

그런 일이 있고 난 일주일 후 창밖을 보던 국밥집 사장은 깜짝 놀랐습니다. 그때 할머니와 함께 왔던 손자가 사람이 가게로 들어갈 때마다 공깃돌을 왼쪽에서 오른쪽으로 옮기고 있는 것이었어요. 주인은 부지런히 지인들에게 전화를 합니다. 이윽고 백 번째가 될 때 손자는 할머니 손을 잡고 들어왔습니다.

"아저씨, 우리 백 번째 손님 맞지요?"

"응, 그래. 어서 와라!"

"할머니, 오늘은 내가 사는 거야!"

이번엔 할머니가 국밥을 드시는 걸 보고 손자가 입맛만 다시고 있습니다. 그 모습을 본 국밥집 사장의 아내가 말합니다.

"여보, 저 아이에게도 한 그릇 줄까요?"

"아니, 저 아이는 지금 밥을 먹지 않고도 배부른 공부를 하고 있는 거야."

누군가를 도와주면서도 상대가 동정심을 느끼지 않도록 하는 국밥집 사장의 마음결이 돌담에 내리는 햇살처럼 따뜻합니다. 아침에 일어나면 '오늘도 마음에 배려나무를 심어야지!'라고 다짐합니다. 그러나 일상 속에서 무심코 하는 행동을 보면 음식점을 가도 내가 먹고 싶은 것을 선택하고, 카페엘 가도 편안한 자리로 찾는 자신을 봅니다. 그때마다 내 안의 나에게 묻습니다. "너, 배려나무 잘 가꾸고 있니?"라고….

이스라엘에는 두 개의 호수가 있습니다. 그 하나가 갈릴리호수이고, 또 하나는 사해(死海)입니다. 갈릴리호수는 생물과 천연자원이 풍부한 축복의 호수가 되었고, 사해는 생물이 하나도 살수 없는 죽음의 호수가 되었습니다. 왜 이런 현상이 생겨난 걸까요?

갈릴리호수는 헤르몬산의 맑은 물을 받아들이면서 요르단강을 통해 물을 계속 흘려보냅니다. 그러나 사해는 내륙에 있고 해발고도가 아주 낮은 곳에 위치해 요르단강으로 물을 받기만 하고 바깥으로 흘려보내지 못합니다. 그런데도 사해의 물이 넘치지 않는 이유는 무더운 날씨로 물은 계속 증발하기 때문이며, 이로 인해 물속에 포함된 미네랄 성분은 그대로 남아 있다 보니 염분이 높아 수중 생물들이 거의 살지 못하는 것입니다.

살아서 번성하려면 받은 것은 반드시 다시 흘려보내야 한다는
것을 두 개의 호수를 통해 다시 느껴 봅니다. 아름답게 사는 길
은 마음속의 배려나무에서 꽃을 피우는 것이라고….

I Love me!

I Thank you!

I Believe in me!

"오늘은 나에게 내일은 너에게(Hodie mihi, crastibi)"

여행을 하면서 우연히 시인의 문학관을 접하게 되면 Serendipity
(우연한 행운)처럼 마음에 오색물감이 스며듭니다. 작년 사천노을
마라톤에 참가하고 오는 길에 삼천포 노산공원에서 만난 박재삼
문학관에는 방문객을 위한 시 낭송을 할 수 있는 방이 마련되어
있었습니다.

8월의 끝자락도 여전히 더운 탓 때문인지 사람들이 한 명도 없
었습니다. 덕분에 전세 낸 듯 여러 편의 시를 낭송하면서 그의
시 시계로 푹 빠지게 되었는데요. 특히 「울음이 타는 강」의 "그
기쁜 첫사랑 산골 물소리가 사라지고 그다음 사랑 끝에 생긴 울
음까지 녹아내리고 이제는 미칠 일 하나로 바다에 다 와 가는 소
리 죽은 가을 강을 처음 보것네."라는 부분을 생각하며 걸었던
시간은 살아 있다는 순간 하나로도 얼마나 행복했는지요.

나이를 먹어도 시처럼 순수하게 살고 싶고 영화처럼 뜨겁게 살

고 싶은 마음 때문일까요. 아직도 마음이 소녀처럼 풋풋한 자신을 만날 때는 혼자 여행할 때가 아닌가 싶습니다. 그렇게 여행을 하다 사진을 부탁할 때쯤이면 사람들은 꼭 물어봅니다. "혼자 다니면 외롭지 않으세요?" 그러면 나는 이렇게 답합니다. "왜 혼자라고 생각하세요? 저 나무가, 꽃들이, 구름과 강물이 제 친구인 걸요. 하하!" 생활 속에 무심히 지나쳤던 소소한 것에 대한 감사나 풀꽃 하나가 주는 소중함을, 혼자 여행을 하다 보면 더 깊이 깨닫습니다.

자연이 아름다운 것은 진실함과 책임을 다하는 데 있습니다. 꽃은 꽃대로, 나무는 나무대로 강물은 강물대로 태양은 태양대로…. 집 앞에 있는 커다란 은행나무는 가을 내내 거리를 황금빛으로 타오르게 만들다가 겨울이면 알몸으로 치부까지 다 드러냅니다. 그럼에도 그 나무는 매서운 바람에도 가지만 흔들 뿐 몸을 흔들지 않습니다. 그리고 사월이 오면 한 번도 본 적이 없었던 신선한 싹을 틔우기 시작합니다. 얼어붙은 땅에서 외로움과 싸우며 눈과 비와 바람과 벌레들만 몸속으로 들어왔을 텐데 말입니다.

그러나 사람은 너무 자주 흔들립니다. 외로워서 흔들리고, 불안해서 흔들리고, 미움을 버리지 못해 흔들리고, 관계가 좋지 않아 흔들리고, 이별 때문에 흔들립니다. 그리고 끊임없이 핑계를 댑니다. 몸은 마음 때문이라 하고 마음은 몸 때문이라 하면서 서로를 힘들게 합니다. 흔들리는 것과 흐르는 것은 다릅니다. 나무가 천년을 사는 것은 사랑을 흐르게 하지만 뿌리는 흔들지 않기 때문입니다.

마음정원을 만드는 길이 그렇습니다. 마음은 몸을 아끼고 몸은 마음을 아끼며 뿌리를 지키는 것, 흔들리되 열정과 온정을 생명이 다할 때까지 나에게서 너로 끊임없이 흐르도록 만드는 것입니다.

마음에 만든 정원을 걷다가 무엇이 힘들었는지, 또 무엇이 아픈지 내 안의 나에게 묻고 답해 보면 어떨까요? 그렇게 자기 대화를 하다 보면 슬픔이 웃자란 어제였다 해도 봄소식을 퍼트리는 산수유나무처럼 샛노란 웃음꽃이 피고, 정제되지 못한 하루였다 해도 자신을 때려 새벽을 알리는 쇠 종처럼 새파란 희망 꽃이 만개하여 하루가 선물처럼 느껴질 수 있습니다. 길고 길었던 겨울이 지나고 꽃비 흩날리는 사월이 왔습니다.

침실 창을 활짝 여니 이름 모를 새 두 마리가 대추나무 가지에 앉아 울고 있습니다. 어쩌면 사랑을 속삭이고 있는 것을 우리는 그리움으로 착각하면서 살았던 것은 아닌지요. 높새바람이 허공을 돌며 울고 있습니다. 어쩌면 희망을 노래하는 것을 우리는 아픔으로 착각하며 살았던 것은 아닌지요. 그렇게 우리는 자연에게 사물에게 오랫동안 각인되었던 것을 자신의 기분에 따라 여과 없이 생각하며 바보처럼 사는 것은 아닌지요. 봄날은 눈부시게 피고 봄 길은 화사하게 단장하고 있는데 가슴 밑바닥에 깔려 있는 애상(哀傷)을 씻어 내지 못하고 주저앉고 있는 것은 아닌지요. 저 새들도 저 높새바람도 슬픔의 끝자락에 있는 기쁨을 찾으러 혹독했던 겨울을 견디었을 터, 이제 다시 시작입니다.

자신에 대한 무한 신뢰와 무한 사랑을 가지고 있다면 인생의 행복 절반을 얻은 것과 같습니다. 그리고 나머지 절반은 사람과 자연을 사랑하면 됩니다. 삶이 힘들어도 인생 2막은 시작됩니다. 그리고 그 무대의 주인공은 여전히 당신입니다.